一个好的榜样指示给我们什么是良好的品质、什么是值得去做的行为、什么才是真正美好的生活。

榜样的生成与塑造之道，也是榜样的品格与力量之源。

代保平 编著

青年的榜样

一位基层民警的读书笔记

華中科技大學出版社
http://www.hustp.com
中国·武汉

内容简介

本书是一位基层公安民警的读书笔记。全书共五篇十五章，用故事的形式论述了习近平怎么说、青年习近平怎么做，以及基层公安干警怎么学、怎么做；紧密结合公安工作实际，介绍了基层公安民警如何自觉践行习近平新时代中国特色社会主义思想，切实做到“把自己摆进去、把职责摆进去、把工作摆进去，做到学、思、用贯通，知、信、行统一”。

本书对于促进党员、干部“不忘初心、牢记使命”主题教育活动“往深里走、往心里走、往实里走”具有重要意义。

图书在版编目(CIP)数据

青年的榜样：一位基层民警的读书笔记/代保平编著.—武汉：华中科技大学出版社，2020.6

ISBN 978-7-5680-6112-4

Ⅰ.①青… Ⅱ.①代… Ⅲ.①公安工作-中国-文集 Ⅳ.①D631-53

中国版本图书馆 CIP 数据核字(2020)第 096553 号

青年的榜样——一位基层民警的读书笔记 代保平 编著

Qingnian de Bangyang——Yi Wei Jiceng Minjing de Dushu Biji

策划编辑：王红梅 徐晓琦
责任编辑：王红梅 王晓东
封面设计：原色设计
责任校对：刘 竣
责任监印：徐 露
出版发行：华中科技大学出版社(中国·武汉) 电话：(027)81321913
武汉市东湖新技术开发区华工科技园 邮编：430223
录 排：武汉市洪山区佳年华文印部
印 刷：湖北恒泰印务有限公司
开 本：710mm×1000mm 1/16
印 张：13 插页：2
字 数：180 千字
版 次：2020 年 6 月第 1 版第 1 次印刷
定 价：48.00 元

华中出版

本书若有印装质量问题，请向出版社营销中心调换
全国免费服务热线：400-6679-118 竭诚为您服务

序 一

己亥年末，庚子年春，突如其来的新冠肺炎疫情给人民群众的生命安全和身体健康带来了严重威胁，对经济社会发展造成了前所未有的冲击。14 亿中国人民在以习近平同志为核心的党中央坚强领导下，坚定信心、同舟共济、科学防治、精准施策，全面打响疫情防控人民战争、总体战、阻击战，经过艰苦卓绝的努力，取得了湖北保卫战、武汉保卫战的决定性成果，全国疫情防控阻击战也取得了重大战略成果。在此次战“疫”中，广大中南财经政法大学师生、校友明大义、顾大局，众志成城、共克时艰。或冲锋在前，奋战在社区防控、病患救助和火神山、雷神山医院建设第一线；或坚守岗位，默默为维持城市运转、守护校园一方平安贡献力量；或慷慨捐赠，积极奔走联系，千里驰援运送急需医疗和生活物资，为武汉保卫战作出了积极贡献，涌现出一大批可歌可泣的感人事迹，充分践行了中南大人“博文明理、厚德济世”的校训精神。

代保平同志就是众多奋战在抗疫第一线的中南大校友之一，他是武汉市公安局洪山区交通大队一名基层民警，从事公安工作已30余年。在全国疫情防控进入常态化阶段、经济社会秩序加快恢复之际，我收到了代保平同志寄来的《青年的榜样——一位基层民警的读书笔记》书稿，并嘱为本书作序，实乃有些“慌恐”。慌于没有充裕的时间拜读书稿，恐于本人的学识水平不逮。翻阅全部书稿后，被作者的精神所感动、情怀所感染、执著所感奋。在艰苦卓绝的疫情防控战斗中，作者白天下沉社区参加抗疫，晚上加班写作，在研读习近平总书记关于疫情防控、公安工作等重要指示批示和重要讲话的基础上，收集一线公安干警的生动感人事迹，撰写读书笔记，超负荷工作完成了18万字的书稿。从书中，我既看到了广大公安干警忠于职守、忘我奉献的真实场景，更为作者数十年坚持投身公安一线、始终关注青年思想政治教育工作而感到敬佩，这体现了一位基层党员民警的爱国情怀和赤子之心。生动的现实与深刻的理论在本书中融合升华，使本书既有情感的温度，又有学理的深度。

代保平同志曾在给我的一封信中表达过他对当代青少年思想政治教育效果欠佳的忧心。他追忆自己孩童时期阅读党的领袖和革命英雄故事的情景，同时又为当代青少年缺少这些故事的浸润而感到遗憾。虽未免过于忧虑，但却指出了青年思想政治教育工作的针对性和实效性有待提高的问题。这本书题为《青年的榜样》，我以为这是给当代青年的一份精神赠礼。正如作者所说，共产党领袖“热爱人民、心系人民、造福人民的传统”从始至今赓续传承，这可以成为激励当下青年的不朽榜样。“榜样的力量是无穷的”，一个好的榜样指示给我们什么是良好的品质、什么是值得去做的行为、什么才是真正美好的生活。在这个意义上，我们可以把《青年的榜样》看作一本来源于实践、与众不同的思想政治教育读物，因为它不诉诸说教，而是诉诸讲述。我相信，恰恰是这一段段娓娓道来的小故事可以给青年、乃至我们所有人以精神洗涤的力量。

中南财经政法大学党委书记、教授

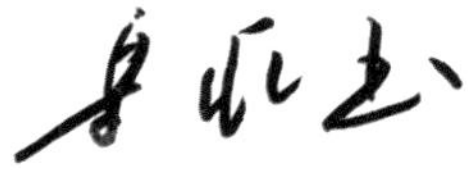

二〇二〇年六月于武汉

序二

经过全国和湖北、武汉人民几个月来艰苦卓绝的努力，我国抗击新冠肺炎疫情阻击战取得了重大战略成果，全社会正在努力地恢复到正常的生活状态，我自己的精力也由1月28日以来的全力抗疫对策研究转向了经验总结和理论探讨等。在这样的背景下，华中科技大学出版社和武汉市公安局洪山区交通大队领导送来了一部由洪山区交通大队民警代保平先生在疫情期间完成的作品:《青年的榜样——一位基层民警的读书笔记》，希望能够为之作序。这些年来，我对作序是非常谨慎的，但面对着这部由一位基层民警在极度繁忙的抗疫阻击战中挤出宝贵时间写成的榜样探寻之作，确实很难谢绝。由于前些天非常繁忙，直到端午假日期间才有时间通读该书，颇多感动，也引起一些联想与思考。这里写下，意在向广大公安干警表达谢忱与敬意！

初读该书，感到有几个突出的特点和优点。

首先，基层一线民警喜爱学习写作，这非常值得鼓励。代保平同志为基层一线民警，出生在湖北农村，曾经上过大学，参加基层一线公安工作30多年，入党20多年，先后10多次受到省、市公安局和地方党委政府的嘉奖和表彰，是一个好民警。同时他多年来笔耕不辍，也是一个喜欢阅读、热爱思考、勤于写作的文人民警。他已经公开发表学习文章多篇，这非常难得，值得称道。我所工作的华中科技大学就在他工作的洪山区交通大队管辖之中。他和交通大队同事们为武汉人民保安全保畅通，也为学校师生保安全保畅通。要感谢他和同事们的辛勤工作，也感佩他们的智慧努力。同样都在一线工作，他将写作的热情注入到工作之中，使工作变得更加智慧和自觉。在疫情期间，基层民警的工作格外繁重，他能够在百忙之中挤时间撰写出18万字的作品，没有极大的热情和坚韧的毅力，是很能想象的。从他的身上，我们可以看到，基层公安干警忠诚党的公安事业，服务人民群众，热爱基层岗位，并在实际工作中不断学习思考提高，体现了良好素养、崇高品质与责任担当。

其次，该书主题为更好学习习近平新时代中国特色社会主义思想，寻找青年的榜样，主题非常积极、鲜明和突出。作者从党的十八大以来注重学习和研究习近平的成长发展道路，特别是他青年时期的亲身实践及其后续影响，讲述榜样的故事，从中寻求思想启示。从哲学的角度看，这种学习和研究带有发生学的特点和意义，可以帮助大家更好地学习、理解习近平，也有助于更好地学习、理解习近平新时代中国特色社会主义思想。该书较多引用了《习近平的七年知青岁月》等书和文章中讲述的习近平插队知青时的故事，可以帮助大家理解造就了青年习近平的那个时代，也容易引发我们这一代人的共鸣与思考。知青时代是我们这代人的普遍生命历程，我自己对此也有刻骨铭心的记忆。而不同的人在这段生命历程中有不同的投入与表现，也就有不同的收获，造就了不同的素养，也在其后走上了不同的道路！相比之下，客观来说，习近平的知青时期是当时背负最大压力者之一，是同代中最小年龄者之一，是身处最艰苦环境者之一，是插队最长年限者之一，是工作最多贡献者之一，也是担任最高职务者之一，等等。也许其他的人也有其中的某个或几个“最”和“之一”，而这么多的“最”和“之一”都汇聚到了习近平身上，既依托于也造就了他的特殊素养和优秀品格，并为他的后续成长和卓越作为奠定了坚实的青春基础。这就是榜样的生成与塑造之道，也是榜样的品格与力量之源。这对我们所有人尤其是青年朋友们也是很有启示和深刻教益的。

再次，该书力图多方位理解习近平新时代中国特色社会主义思想。该书设置了五篇：理想信念篇、学习创新篇、艰苦创业篇、担当奉献篇、重情重义篇。内含了十五章：坚定信念，对党忠诚；把人民利益放在第一位；让读书成为生活习惯；善于向群众学习；解放思想，勇于创新；乐观面对艰难困苦，砥砺前行；从基层做起；安贫乐道，安之若素；吃苦在前，塑造高尚品德；同甘共苦，风雨同舟；不图自己享受，只为百姓造福；常怀感恩之心，重情重义；为民解难，扶危济困；奉献爱心，大爱无限；百姓心中有杆秤。还附录了作者曾经发表过的三篇作品《践行“三严三实”的典范》《家风传家，家教济世》《蹬着自行车走遍全县222个村的县委书记》。该书的结构形式独具特点，各章分别由习近平讲话原文原述、“榜样的故事”、“学习与思考”，“我们的故事”四部分组成，分别回答了习近平怎么说，青年习近平怎么做，核心命题如何领悟和理解，基层公安干警在习近平思想指导下怎么践行等时代性课题，形成了“说”、“做”、“悟”、“行”的逻辑。该书表明了作者对一些重要问题的学习与理解，具有广袤的视野和覆盖面。

还次，该书着眼于思考与运用，以智慧的眼光探寻并彰显身边的榜样。作者以一名普通基层党员民警的独特视角，注意运用马克思主义的实践观和认识论，注重从基层公安民警、基层党员实践活动中发掘和收集习近平思想指导基层一线的案例，注意将习近平思想的普遍性和基层公安工作的特殊性相结合，拓展了弘扬传播习近平思想的新途径。作者在书中先后展示了武汉市公安干警在抗疫一线的突出表现，如何成功为第七届世界军人运动会保驾护航，介绍了设在武汉的全国首座警察公园，介绍了民警们在交通管控、社区治理、高考现场、警营开放日等的突出表现和一些优秀民警的先进事迹。其中"七十二个红手印挽留驻村民警"等故事，非常感人。该书行文生动活泼，具有很强的可读性。

习近平总书记一直关心湖北的建设与发展，多次亲临湖北武汉视察。尤其是 3 月 10 日，习近平总书记在湖北省考察新冠肺炎疫情防控工作，也深入武汉东湖新城社区看望慰问奋战在一线的社区工作者、基层民警、下沉干部、志愿者。他一方面夸赞武汉是一座英雄的城市，武汉人民是英雄的人民，指出"武汉人民展现出了不怕牺牲的精神、勇于担当的精神、顾全大局的精神，还有甘于奉献的精神。这些精神都是中华民族的精神的重要体现，我们一定要好好总结、好好发扬。"作者作为一个基层民警，在抗疫中也下沉到武汉市洪山区湘龙鑫城社区参加社区封控工作，成为抗击疫情防控阻击战一线的亲历者、目击者、思考者。他牢记总书记"我们一定要好好总结、好好发扬"的殷殷嘱托，开始"白加黑"模式，白天参加社区疫情防控，晚上回到家，开始收集基层公安战友们在这场疫情防控阻击战中涌现出的先进人物和感人事迹，写出这本 18 万字真实记录基层公安民警时代脉搏的书。该书本身也可以看做本次抗疫的一个积极成果。

该书来自基层公安干警的学习笔记，来源于实践，来源于群众，来源于一线，来源于作者自己的思考，也可以说是公安机关"不忘初心、牢记使命"主题教育活动"往深里走、往心里走、往实里走"的具体体现。在这个过程中，作者努力争取"把自己摆进去、把职责摆进去、把工作摆进去，做到学、思、用贯通，知、信、行统一”。该书的写作得到了所在单位领导的大力支持，这也可以说是公安基层单位和基层干警主题教育活动的生动成果。我们期待着公安机关几百万基层干警在深入学习贯彻习近平新时代中国特色社会主义思想这一伟大实践中，取得更加丰硕的成果。

华中科技大学原党委副书记
哲学研究所所长，国家治理研究院院长
二级教授，博士生导师
欧阳康

2020 年 6 月 27 日

前言

我是一名基层普通民警、普通党员，1966 年 2 月出生在湖北省武汉市汉阳县农村，1986 年大学毕业分配到武汉市公安局洪山区交通大队工作，1993 年 11 月加入中国共产党。参加公安工作 30 多年来，在党的培养教育和一代代公安人的帮助指导下，我从一个农民的儿子成长为一名对国家对人民有用的基层公安业务能手，先后 10 多次受到省公安厅、市公安局和地方党委政府的嘉奖和表彰，我从心底深处深深感谢党的恩情和组织的教育培养。

业余时间，我酷爱读书。从参加工作起，我坚持每周读一本书，每天读 3 份报纸，周末大都在图书馆或单位阅览室度过。35 年来积攒近千万字的读书笔记、学习心得，装订了 20 多本报刊剪辑。2013 年夏天，我无意中读到了习近平同志撰写的文章《我是黄土地的儿子》。这篇 5000 字的文章，用质朴的语言、亲身的经历，讲述了他 15 岁起插队陕北黄土高原农村生活的点滴，引起了我的强烈共鸣，让我回忆起上世纪 70 年代我孩童时期在农村干农活的经历，回忆起在农村老家那些插队知青大哥大姐帮助我的经历。后来，利用全党深入开展“两学一做”学习教育活动的契机，我开始阅读、收集习近平同志青年时期的故事，从三十几本书中、从网络资料中汲取那些感人的瞬间，并写进了我的读书笔记。关于习近平的书看得越多，越是感动，我仿佛融进了他青年时期在梁家河插队的蓝天白云、沟壑纵横之中。党的十九大召开前，我在读书笔记的基础上编写了由习近平金句、青年习近平的故事、我的学习思考与感悟和公安干警先进人物的故事组成的学习札记；十九大后，我又多次对手札进行修改、完善，形成了《青年的榜样——一位基层民警的读书笔记》这本书的雏形。

在我的孩童时代，共产党领袖青少年时期的故事是纳入中小学课本和课外读物的。我记得有《瑞金沙洲坝的红军井》，讲的是毛泽东同志在1933年井冈山革命时期亲自带领红军战士为瑞金老百姓打井取水的故事。还有列宁8岁时打破花瓶主动承认错误的故事《诚实的孩子》。这些故事陪伴我一生，教育我一生，引领我一生。2013年，我学习到习近平同志在陕西省延川县梁家河大队插队担任支书时也有一个打井的故事——那是1974年的初春时节，他第一个跳进寒冷刺骨的井底冰水中，用老镢头和铁锹挖除冰土混合物，一锹一锹地铲，最终打出村里第一口饮水、浇地的井，由于在冰水里冻的时间太久留下病根，时时作痛。他当年打下的井至今还在供村民使用。延川梁家河的井和瑞金沙洲坝的井，何其相似！共产党领袖热爱人民、心系人民、造福人民的传统，何其相似！

我对共产党的热爱、对共产主义的信仰是从儿童时期开始的，是从小在伟人、领袖的故事中慢慢浸润出来的。心理学研究表明：青少年时期的印象、观念，会影响一个人一生的信念、成长。2018年春节，我听到党中央指示中央组织部从党费中划拨几千万元帮助生活困难的老红军、老党员的消息，深受感动。为了响应党中央的号召，2018年7月1日，我向单位组织部多交党费1100元。

2019年是新中国成立70周年。为推进“两学一做”学习教育活动常态化、制度化，中共中央决定从6月开始，在全党自上而下分两批开展“不忘初心、牢记使命”主题教育活动，着力用习近平新时代中国特色社会主义思想和十九大精神武装头脑，指导实践，推动工作，推动全党更加自觉地为新时代党的历史使命而努力奋斗。青年习近平在黄土高原同底层最贫苦的农民“一块苦、一块过、一块干”的经历，无疑是每个党员从直观形象上认识中国共产党、了解当代领袖、树立人生志向和坚定理想信念的最好的教材，也无疑是中国共产党带领人民追梦的最好的中国故事。因此，我将多年的读书笔记整理出来，与大家交流分享。

在此，特别感谢我的直接领导、武汉市公安局洪山区交通大队大队长黄天立同志。在一次检查工作中，他在我办公桌上偶然看到我的读书笔记，他是第一个鼓励我将读书笔记整理出版的人，并身体力行四处奔走联系出版单位；他也是武汉公安系统里第一个以中国人民大学毕业生身份担任基层交警大队长、主动同基层交警交流分享中国革命史和中共党史知识的人。感谢华中科技大学出版社的各位领导、编辑，是他们鼓励、支持我九易其稿，特别是责任编辑王红梅老师，不厌其烦，随时为我的写作提供咨询指导。

在本书编写过程中，我拜读、参考、学习了中共中央党校出版社出版的《习近平的七年知青岁月》、解放军出版社出版的《难忘的二十年——在习仲勋身边工作的日子里》、中国文史出版社出版的《大往事：纵横历史解密档案》中齐心老人回忆文章《我与习仲勋风雨相伴的55年》、《中国青年报》刊载的习远平文章《父亲往事——忆我的父亲习仲勋》及其他报纸、杂志、影视机构发表的研究、学习习近平同志的资料，在此一并向编著者表示真诚的感谢。

作　者

二〇二〇年春于武汉

目录

>>>

01

理想信念篇

坚定信念　对党忠诚

“革命理想高于天。没有远大理想，不是合格的共产党员；离开现实工作而空谈远大理想，也不是合格的共产党员。在我们党九十多年的历史中，一代又一代共产党人为了追求民族独立和人民解放，不惜流血牺牲，靠的就是一种信仰，为的就是一个理想。”

——2013 年 1 月 5 日，习近平在新进中央委员会的委员、候补委员学习贯彻党的十八大精神研讨班上的讲话

“我在路上就一直在想，武汉市是多么好的一座城市！这是一座英雄的城市，这里的人民是英雄的人民。在这次抗击疫情斗争中，武汉人民展现出了不怕牺牲的精神、勇于担当的精神、顾全大局的精神，还有甘于奉献的精神。这些精神都是中华民族的精神的重要体现，我们一定要好好总结、好好发扬。我相信，通过这次抗击疫情斗争，武汉必将再一次被载入英雄史册！”

——2020 年 3 月 10 日，习近平同志专程赴武汉市考察疫情防控工作时的讲话。

榜样的故事

10份入党志愿书

习仲勋同志是我党杰出的无产阶级革命家，毛泽东曾先后多次赞誉他。在1943年1月召开的中共中央西北局高级干部会议上，毛泽东亲笔为习仲勋题词——“党的利益在第一位”。1962年，习仲勋因小说《刘志丹》遭诬陷，蒙冤受屈长达16年[①]。在这16年里，习仲勋始终没有动摇过信念，一直准备着为党和人民继续工作。平反后，他闭口不谈个人的遭遇和坎坷，只说：“相信党，相信人民；为了国家，我愿意奉献全部的力量。”正是习仲勋的言传身教，习近平自小就从他父亲那里继承和汲取了做人、做事的原则和对信仰的执着追求。即使身在梁家河的沟壑里，他的心中依然闪耀着布尔什维克的光芒。

郑板桥有一首诗这样写道：“咬定青山不放松，立根原在破岩中。千磨万击还坚劲，任尔东西南北风。”那个时候，入团也好，入党也好，条件非常苛刻。习近平到梁家河插队后，政治上积极追求进步，但是因为他的家庭出身，注定了他的入团、入党之路不可能一帆风顺。但他本着坚定的信念，本着坚实的脚步，本着坚持的精神，不达目的不罢休。为此他先后写了8份入团志愿书，写了10份入党志愿书[②]。

① 见张志功《难忘的二十年——在习仲勋身边工作的日子里》，解放军出版社，2016年第2版，第11页。

② 见《习近平的七年知青岁月》，中共中央党校出版社，2017年第1版，第446页。

1973年7月，梁家河大队的党支部书记梁玉明组织召开了一个党员大会。党员大会上，大家都同意习近平入党，后来又开了一个支委会，通过了接受习近平入党。但当大队书记把习近平的入党材料拿到公社，当时的公社书记却不批，还批评说："你这个梁玉明，这么胆大，你敢把黑帮子弟介绍入党。"[①]

在实现人生价值的时候，别人做事从"零"开始，习近平却要从"负数"开始，别人可以平地建塔，他还得垫平脚下的坑。然而，现实的打击没有使他消沉，反而使他铸成更为稳重顽强的性格，比同龄人更具有刻苦的学习精神和拼搏奋进的顽强意志。[②]

直到公社换了新任书记白光兴，他看重习近平的表现，认为不能因为所谓的家庭问题影响习近平入党，于是将习近平的入党问题提交县委研究。经过县委研究讨论，1974年元月，中共延川县委批准了习近平的入党申请。习近平入党不久，正赶上梁家河村领导班子换届，村上召开了党员大会，会上又推举习近平担任梁家河大队的党支部书记。[③]

只有把党看作母亲的人，才会用他的一生为之追求光明；只有把党看作生命的人，才会用他的一生为之奉献青春和热血；只有把党看作希望、看作梦想的人，才会用他的一生为之呵护、为之疗伤。习总书记提出全面从严治党，正是一位从磨难中走出来的共产党人，为了保持党的肌体永远纯洁、健康而发出的时代最强音。

① 见《习近平的七年知青岁月》，中共中央党校出版社，2017年第1版，第171页。

② 见《习近平的七年知青岁月》，中共中央党校出版社，2017年第1版，第314页。

③ 见《习近平的七年知青岁月》，中共中央党校出版社，2017年第1版，第377页。

学习与思考

听党指挥，为人民而战

习近平总书记指出："对党绝对忠诚要害在'绝对'两个字，就是唯一的、彻底的、无条件的、不掺任何杂质的、没有任何水分的忠诚。"在这次新冠肺炎疫情阻击战中，我们深刻认识到忠诚的政治意蕴，就是科学把握忠诚的丰富内涵，切实做到忠诚的知行合一，这是新时代中国共产党人党性的充分体现，是不忘初心、牢记使命的重要要求，也是攻坚克难、永远前进的强大精神力量。

2020 年 1 月，新冠肺炎疫情无情地肆虐大江南北。习近平总书记时刻关注疫情发展形势，亲自指挥、亲自部署疫情防控工作，一个个高瞻远瞩的判断、一次次审时度势的决策、一句句掷地有声的话语，彰显着大国领袖的责任担当，为打赢疫情防控阻击战定航把舵。

习近平总书记果断的决策部署、坚定的决心信心、真挚的人民情怀，凝聚起全国人民抗击疫情的强大合力。从成立中央应对疫情工作领导小组、向湖北派出中央指导组，到提出"坚定信心、同舟共济、科学防治、精准施策"总要求，在以习近平同志为核心的党中央集中统一领导下，全国上下打响了疫情防控的人民战争、总体战、阻击战。

一声号令，14 亿人民过年不出门，千万人口的武汉封城禁行，全部市民居家自我隔离；一声号令，广大党员干部挺身而出，冲锋在第一线、战斗在最前沿；一声号令，20 多个省、市、自治区的 40000 多名医务人员星夜赶赴湖北、武汉，逆行出征；一声号令，全军 4000 多名医护人员火速驰援武汉，驻鄂部队抗击疫情运力支援队通宵达旦调运物资；一声号令，火神山、雷神山医院建设夜以继日，方舱医院改造分秒必争，快速实现由"人等床"到"床等人"；一声号令，对重要防疫物资实行国家统一调度，多措并举保障重点地区医用物资和生活物资供应……

滔滔长江水，巍巍黄鹤楼。湖北武汉，这座经历过辛亥炮火、抗日烽烟、特大洪水、雨雪冰冻灾害等无数考验的城市，在中华民族波澜壮阔的历史进程中，完成了一次又一次英雄壮举，打赢了一场又一场光荣战役。

封闭一座城，守护一国人。庚子年春，为阻断新冠病毒向全国蔓延扩散，湖北人民、武汉人民不畏艰险、顽强不屈，勇敢同疫情作斗争，用一己"隔离屏障"，护山河手足无恙。对党和国家来说，这是"一个十分艰难的决定"；对湖北人民、武汉人民来说，这是感天动地的牺牲奉献。"武汉不愧为英雄的城市，武汉人民不愧为英雄的人民，必将通过打赢这次抗击新冠肺炎疫情斗争再次被载入史册！全党全国各族人民都为你们而感动、而赞叹！党和人民感谢武汉人民！"习近平总书记在考察武汉时深情礼赞。

而对疫情防控做到令行禁止，逆行出征，冲锋在前，不怕牺牲，是广大公安干警对党忠诚、听党指挥的具体表现。湖北保卫战，武汉保卫战，我们公安干警要冲在一线，用雷霆行动践行"对党忠诚，听党指挥"的铮铮誓言。党指向哪儿，我们打向哪儿，战无不胜，攻无不克。

作为公安干警，我们要不断强化政治忠诚，在战"疫"中不断增强"四个意识"、坚定"四个自信"、做到"两个维护"，始终在政治立场、政治方向、政治原则、政治道路上同以习近平同志为核心的党中央保持高度一致；不断强化政治服从，把党的绝对领导、对党的绝对忠诚贯穿到公安机关政治、思想、组织建设等各个方面，落实到公安工作决策、执行、监督等各个环节；不断强化政治纪律，把严守疫情防控的政治纪律和政治规矩作为根本政治底线，决不允许同党中央离心离德，决不允许对党中央阳奉阴违，决不允许搞"两面派"、当"两面人"；不断强化政治修养，坚持不懈用习近平新时代中国特色社会主义思想聚警心、凝警魂，打牢高举旗帜、听党指挥、忠诚使命的思想根基；不断强化政治担当，敢于直面矛盾、敢于动真碰硬、敢于在最危险的地方冲锋陷阵，切实维护人民群众生命财产安全。

坚定不移走中国特色社会主义强警之路，打造一支对党忠诚、服务人民、执法公正、纪律严明的公安铁军，这是全国公安的光荣使命，也是湖北公安的光荣使命。邓小平同志曾说："世界上的事情都是干出来的，不干，半点马克思主义都没有。"心中有党、对党忠诚，就必须把对组织、对人民的感恩之情，转化为奉献社会、服务群众的实际行动，转化为勇创佳绩、拼搏进取的工作劲头，在奉献中生动地体现共产党人的忠诚精神。

我们的故事

战斗在党和人民最需要的地方

——奋战在湖北抗疫一线的公安干警

己亥末，庚子春，九省通衢的湖北武汉第一次被打上了"封印"，近千万人口的武汉按下了暂停键——封城！限行！全城居家隔离！2020 年 1 月 25 日，农历正月初一，习近平主持召开中共中央政治局常务委员会会议，习近平总书记亲自指挥、亲自部署新型冠状病毒感染的肺炎疫情防控工作，发出了“生命重于泰山，疫情就是命令，防控就是责任”的总动员令。湖北6万多名公安民警与白衣天使并肩携手，为生命而战，为家园而战，为祖国而战！

1. 全警动员投身疫情防控阻击战

实行严格交通管控、城区机动车禁行、全城封闭管理……新型冠状病毒感染肺炎疫情爆发后，武汉市疫情防控指挥部采取的紧急措施频出。作为维护城市平安稳定的职能部门，武汉市公安局迅速引导全体民警把思想和行动统一到上级部署上来，果断启动最高等级勤务、最高等级研判、最高等级响应，全员停休，全力投入疫情防控阻击战。全市民警、辅警全力确保进出城道口封控到位，强化“绿色通道”保畅机制、应急服务机制、社会面管控机制，全力服务疫情防控工作。

指挥运转实战实效　封控监测措施到位

“请您打开后备箱接受检查”“进城后，请您做好个人防护”——大年初一的凌晨2时，武汉东湖新技术开发区公安分局茶棚检查站民警李攀和姚运波手举指示牌，坚守在武黄高速武东收费站的联控岗位。虽然出城口已封闭，他们依然忙碌着。一辆私家车准备进城，他们认真检查车辆后备箱是否携带活禽和野生动物。

从警校毕业就来到这个收费站，李攀和姚运波二人亲密搭档20多年没有挪过地方。“这次任务特殊，一定要落实！”他们上岗前互相鼓劲。

“逆行”而上：“请把我派到最危险的地方！”

2月13日，全国公安一级英模、武汉市公安局江岸区分局刑侦大队教导员许奎率领10名突击队员，列队进入刚启用的武汉全民健身中心方舱医院。“守好阵地！安全回家！”许奎认真嘱咐队员们。

武汉三镇，一座座方舱医院如雨后春笋般建成，托起救治生命的希望。与医护人员一起奋战方舱的，还有一支支公安“方舱战疫突击队”。1200多名民警按照“一院一专班”日夜驻守，保障方舱安全。

全国公安一级英模、武汉市公安局江岸区分局刑侦大队教导员许奎（左一）率领10名突击队员，列队进入刚启用的武汉全民健身中心方舱医院（照片来源：新华社发）

疫情就是命令，疫情就是警情，防控就是责任。

“让哪个民警进武汉客厅方舱医院执勤，对于我这个局长来讲最难了。号召自愿报名后，马上有137名民警主动请战。”武汉市公安局东西湖区分局局长徐扬说。

“我有经验，参与过抗击‘非典’，请把最苦最累的班排给我！”黄冈市浠水县民警胡汉魁主动挑起重担，坚持冲在一线。

女警英姿，巾帼不让须眉

2月18日，武汉市东湖高新区，51岁的社区女民警史雪荣与医护人员一道，搀扶着一位老人走出隔离点。这位老人为疑似新冠肺炎感染者，一度情绪激动甚至要轻生。正是史雪荣反复劝慰，让老人卸掉心理重压，愿意住进方舱医院接受治疗。

武汉市东湖高新区的社区女民警史雪荣（右二）与医护人员一道，搀扶着一位老人走出隔离点（照片来源：新华社发）

危急关头，党员民警带头冲锋

在襄阳，东风医院警务室里，11 名党员民警面向党旗庄严宣誓："不论是把我分配到医院门口还是进驻重症治疗区，我都将听党指挥、履职尽责、不辱使命……"

在孝感，刚康复出院的党员民警吴华东递交请战书："我有抗体……我向市局党组申请参加此次新冠肺炎感染风险最高的任务。"

在黄石，下陆分局向民警发出倡议，自愿报名到集中隔离治疗医院执勤。"我们带头上！""党员民警到最危险的地方去！"民警、辅警和即将退休的老同志纷纷请缨。

他们当中，有警医伉俪。

他是武汉市火神山医院警务室民警燕占飞，她是华中科技大学协和江北医院护士铁肖会。他坚守火神山，她奋战重症隔离病房。已经一个月没见面的他们彼此勉励：“守住大家，才有小家。”

他们当中，有父子同心。

感染高风险区域谁来值守？53 岁的石首市公安局民警曾凯挑选了他的儿子、辅警曾诚卓，一同负责确诊患者院区安保，抗疫“父子兵”并肩而立。

他们当中，有壮心不已。

十堰市公安交管局指挥中心退休民警王永新，还像往常一样值守工作岗位，退休不离岗。他说：“就让抗疫胜利的消息当我的‘退休令’”。

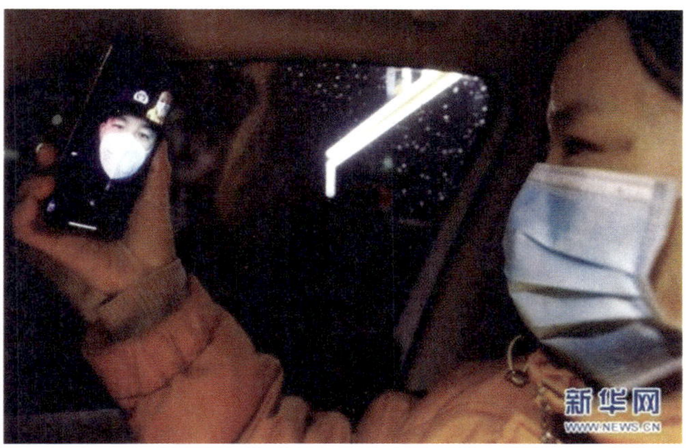

武汉市火神山医院警务室民警燕占飞与妻子视频（照片来源：新华社发）

武汉不是孤城，湖北公安民警不是孤军奋战。

“在这场大战和大考中，公安部党委和全国公安机关始终是你们的坚强后盾。力量向湖北、向武汉集结，资源向湖北、向武汉倾斜。”“希望湖北和武汉公安机关咬紧牙关、再接再厉。我们坚信，在党中央的坚强领导下，一定能取得疫情防控斗争的全面胜利。”2 月 18 日，公安部部长赵克志致信湖北和武汉公安民警、辅警。

2. 抗击疫情，警民永远心连心

疫情在前，警察不退。自疫情防控阻击战斗打响以来，武汉市洪山区交通大队全体民警、辅警不惧严寒、不畏风险、不辞劳累，日夜坚守在防疫一线，以实际行动践行着人民公安为人民的铮铮誓言，也赢得了广大群众的信赖和支持。在这场没有硝烟的战斗中，有的不只是肆虐的病毒，还有一些暖心事，让我们倍感温暖，倍增勇气和信心。

2 月 4 日下午 16 时，洪山区交通大队快骑机动队正在红霞高架桥入口处开展防疫管控，突然一辆号牌为鄂 A1H10B 的白色雪佛兰小轿车停在了管控岗附近，一名戴着口罩的青年男子从车上下来，将两盒口罩和一箱水果搬到了民警身边，对民警说“这些口罩送给你们”，然后转身离开。

民警朱峰立即追上去拦下了正准备驾车离开的男子，“同志您好，这些东西我们不能要。”然而，男子却坚决不肯领回送出的物品。“我早上出门的时候就看见你们守在这里，下午回来你们还在。我就是觉得你们辛苦了，想为你们做点什么。”男子说。

几经推辞，民警只好收下，并再三询问男子的姓名和单位。可男子始终不肯透露姓名，只挥了挥手，留下一句让民警感动的话：“我们都是中国人！”

2 月 5 日，中国抗疫志愿者联盟成员周杰千里驾车来到洪山交通大队，替二十年前曾在洪山交通大队工作过的段青博士捎来三桶消毒液。

段青于1997年大学毕业后来到洪山交通大队二中队，在丁字桥、中南路、街道口站过岗，然后作为特殊人才调到市交管局科研处。2000年后，他在济南、北京连续攻读博士、博士后，现为中国电力科学研究院最年轻的博士生导师，并主持能源互联网研究。

离乡二十年，段博士非常思念家乡，一直与当年共同战斗过的老同事黄天立、靳小平、陈燕弟、肖猛等同志保持联系，他说，"我最留恋的青春、奉献、收获时光就是在武汉当交警的时候，武汉攻坚克难需要武器，虽东西少少，但情意深深，武汉必赢，家乡会安！"

3. 方舱医院里的临时党支部

2020年2月11日，一段武昌方舱医院（洪山体育馆）东区医患合唱《歌唱祖国》的视频在网络上流传，引起了网友们的广泛关注。住院病友和医护人员互相鼓励加油的镜头让人感动。这次活动的组织者，正是在此住院的武汉洪山交警张兵。

张兵带领武昌方舱医院确诊病人中的21名共产党员集体宣誓重温入党誓言（照片来源：《楚天都市报》）

张兵是武汉洪山区交通大队秘书科的信访民警，也是一名有着20年党龄的老党员。疫情发生后，他一直坚守在抗疫一线，直至1月27日突感身体不适，怀疑可能感染，便自行在家隔离。2月5日确诊后，在社区安排下，张兵住进了武昌方舱医院（洪山体育馆）东区。刚去的前两天，张兵一直高烧39.8℃，在医护人员治疗护理下，他的高烧逐渐退去，身体也有所好转。

看着医护人员忙来忙去的身影，张兵萌生了要加入战斗的念头。他找到医护人员，提出成立东区病友临时党支部的想法，帮助病区开展各项工作。10日下午，在医护人员的带领下，有23名病友党员的东区成立了临时党支部。“我们既是患者，也是党员，要发挥模范带头作用，帮助医护人员加强病区管理，带领全体病友增强战胜疾病的信心。”临时党支部书记张兵这样号召大家。

张兵组织病友们帮助运送垃圾，分担医护人员工作（照片来源：《楚天都市报》）

病友临时党支部成立后，张兵建立了方舱医院病友微信群，组织党员病友实行分区管理，参与日常分发食品等辅助工作，开展垃圾分类宣传和病区保洁等服务，及时收集病友疑问并安排专人解答……该病区管理模式被迅速推广到其他方舱医院。方舱医院病患不少，每天都会产生大量的生活垃圾、医疗垃圾。医院附近有座小型垃圾焚烧站，但由于投送垃圾时不注意，没有干湿分类，有时导致燃烧困难。张兵得知后，决定在各个病区轮流进行垃圾分类宣传，并组织党员轮流负责将垃圾送到指定收集区。“临时党支部的书记是临时的，但他为病友服务的心是真挚的。”来自积玉桥社区的病友说。

张兵认为，疾病并不可怕，真正可怕的是丧失信心，积极的心态才是最好的抵抗力。为了传递积极乐观的生活态度，张兵结合多年信访工作经验，对新入院的病友进行沟通开导，关心他们的身体状况，为他们加油，化解他们内心的恐慌和压抑情绪。“我是病人，但也是一名党员、一名警察，我做的不过是一些力所能及的事。”张兵说。

4. “我只想快点把周爹爹送到医院”

“我只是做了一点小事，真的。”武汉市公安局江岸区分局大智街派出所民警邵玉春一直说着这句话。但他口中的“小事”，其实不小。

1 月 30 日，大智街派出所所长刘远杰和邵玉春驾驶警车赶到泰宁社区某居民楼，与街道社区工作人员对接，准备转运该社区的疑似病患去隔离点。

“快来帮帮忙啊！”突然，单元楼里传来带着哭腔的呼喊声。楼梯间非常黑暗，邵玉春他们借着手机微弱的光线沿着楼梯向上搜索。在 2 楼，68 岁的周爹爹瘫坐在楼梯上不能动弹，他还在发烧。“他从家中出来后，走了几步便走不动了。”邵玉春说，当时老人呼吸微弱，四肢无力，已无法站立。邵玉春蹲下身子，在同事帮助下将老人背起，固定好后缓缓下楼。

周爹爹体重超过 150 斤，而邵玉春只有 140 斤。此时，周爹爹已经昏迷，身体不断往下坠。“我被压得两腿打颤、直冒汗。”邵玉春事后回忆说。就这样，邵玉春小心翼翼地将老人背到楼下的转运警车里，防护服里的警服早已湿透。随后，民警和家属一起火速将老人送往医院。

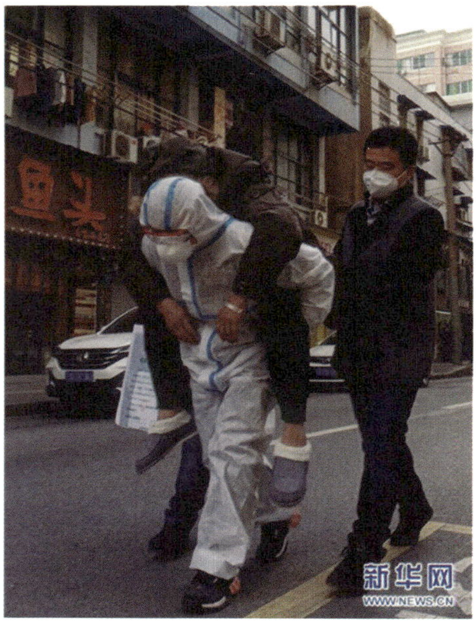

武汉市江岸区大智街派出所民警邵玉春将病患背到警车里送医（照片来源：新华社发）

1 月 31 日中午，在将一位发烧超过 38 ℃、疑似感染新型冠状病毒的老婆婆送到医院后，邵玉春照例回到派出所待命。脱下防护服，按程序做完消毒防护工作后，邵玉春掏出手机打开微信，这才发现自己成了一名“网红”。“我只是做了一名民警应该做的事情，当时，只想快点把周爹爹送到医院。”邵玉春平静地说。

邵玉春和两名同事穿戴齐整，准备出门执行转运任务(照片来源：武汉市公安局)

把人民利益放在第一位

我们的人民热爱生活，期盼有更好的教育、更稳定的工作、更满意的收入、更可靠的社会保障、更高水平的医疗卫生服务、更舒适的居住条件、更优美的环境，期盼孩子们能成长得更好、工作得更好、生活得更好。人民对美好生活的向往，就是我们的奋斗目标。

——2012 年 11 月 15 日，习近平在十八届中央政治局常委同中外记者见面时的讲话。

守初心，就是要牢记全心全意为人民服务的根本宗旨，以坚定的理想信念坚守初心，牢记人民对美好生活的向往就是我们的奋斗目标，时刻不忘我们党来自人民、根植人民，永远不能脱离群众、轻视群众、漠视群众疾苦。

为民服务解难题，重点是教育引导广大党员干部坚守人民立场，树立以人民为中心的发展理念，增进同人民群众的感情，自觉同人民想在一起、干在一起，着力解决群众的操心事、烦心事，以为民谋利、为民尽责的实际成效取信于民。

——2019 年 5 月 31 日，习近平总书记在“不忘初心、牢记使命”主题教育工作会议上的讲话。

群众需要什么就干什么

习近平 15 岁开始到梁家河插队，很难适应当地农村的生活。农村的生活条件很差，吃不惯也吃不饱。上很脏的茅厕，冬天冻屁股，夏天臭气熏天，苍蝇蚊子骚扰不断。睡觉也是很作难的一件事儿，几个知青躺成一排挤在一个炕头上。村里的年青人跟北京知青混熟了，去串门，身上的黄土弄得被褥和枕头上都是，人一上炕，虱子也上炕了。习近平刚来梁家河的时候，腿上经常被虱子咬得红肿一大片，奇痒无比。他不断地挠，后来挠得流脓流血。去地里劳动时大家都把裤腿挽起来，看到他小腿上到处都是被虱子咬的红疙瘩，有的刚刚结痂，有的痂被挠掉，还往外渗着血，直到过一段时间对虱子产生了抵抗力，红肿才没那么严重了。

这么艰苦难挨的生产、生活环境，习近平坚持下来了。不仅坚持下来了，而且用自己的辛勤与汗水，逐渐取得了梁家河乡亲们的信任，对他张开了怀抱，敞开了心扉。在乡亲们眼里，评价一个知青，干活好坏远比出身好坏更重要。习近平不仅受到了乡亲们的认可，也引起了上级领导的注意。后来担任团县委书记的陶海粟发现习近平劳动生产表现突出，跟社员群众关系好，工作能力强，就借调他到赵家河搞了半年多的社会主义教育活动。

是金子总会发光。从赵家河回到梁家河不久，有文化、有思想、有主意，头脑灵活、干活下力、和村里人相处融洽的习近平，被梁家河村党员推举为村党支部书记，从此他的心与梁家河村更加紧密地“黏”在了一起。

为群众做实事，这是习近平始终不渝的理想信念。换位思考，身体力行，群众的所思所想，就是习近平的所思所想所为。习近平敢担当，能做事，总为村里着想，在当村支书之前他就对村里有很多规划和想法。打坝、修梯田、打井、增加粮食产量，当时村里一些老年人较为保守，对新鲜事物比较抵触，习近平耐心地给他们做思想工作，挨家挨户上门说服他们。他上任后做的第一件大事就是办沼气，解决了梁家河自古以来缺柴烧的历史问题，梁家河点燃了陕北第一盏沼气灯。[①] 他还“无中生有”，根据村里劳动的实际需要和村民的一技之长，在村里办了一个铁业社、一个代销店、一个缝纫社、一个磨坊，用一年多的时间，释放了劳动生产力，把社员从家庭事务中解放出来，投入到粮食生产中。

公开、公平、公正，这是习近平与老百姓打成一片的制胜“法宝”。大队社员选习近平当村支书，最主要的是他做事公道，敢于担当，能跟老百姓打成一片，群众需要什么他就干什么。习近平刚当村支书的时候，上级发下来一批救济粮。为分好这批粮食，防止有人多分、有人少分，造成分配不公，他带着村民到各家各户去看他们家里的存粮，每家每户登记造册，从夜里 10 点多，忙到凌晨 5 点多，最后按照存粮情况制定分配方案，大伙都没话说。

务实决策、克难攻坚、说到做到，这让习近平在群众心里树立了很好的威信。他的每一个行动和决策都很务实，都是为老百姓的利益考虑。习近平组织打建村里最大的淤泥坝，当时村里有一些观念保守的老人反对，但是习近平一点一点地做工作，还找了村民中有威望的、已经在外地工作的老社员王宪平帮他做工作，把思想工作做到位了，让大家都信服了。最后这个坝打

① 见《习近平的七年知青岁月》，中共中央党校出版社，2017 年第 1 版，第 105 页。

成了，灌溉方便了，农作物产量也提高了。实际效果一出来，大家的思想观念也转变过来了，所以村里人对他都很服气，他说啥社员都听他的。

学习与思考

人民至上

春秋时期，哲学家管仲在《管子·形势解》中有文“道之纯厚，遇之有实，虽不言曰‘吾亲民’，而民亲矣。”意思是，为政者对待百姓，只要纯厚治理，多办实事，虽不说自己亲民，而百姓却会亲近他。领导干部只有深怀真切的为民之心、浓厚的爱民之情，才能看清楚群众的困难，听进去群众的呼声，体会到群众的心情；才能任何时候都把人民利益放在第一位，把实现好、维护好、发展好最广大人民根本利益作为一切工作的出发点和落脚点。

2012年11月15日，习近平在当选为中共中央总书记的第一次中外记者见面会上，19次讲到“人民”，讲到“人民对美好生活的向往，就是我们的奋斗目标。”心中有党，心中有民，心中有责，心中有戒，是我们党员领导干部为官从政的导航标、干事创业的指南针、修身做人的座右铭。正如习近平总书记在2019年新年贺词中说：“人民是我们执政的最大底气。”

践行党的宗旨，就要密切联系群众，全心全意为人民服务，真正与人民心心相印、与人民同甘共苦、与人民团结奋斗，一块过、一块干；就要培养“先天下之忧而忧，后天下之乐而乐”的崇高境界，任何时候都把人民利益放在第一位，始终把人民群众对美好生活的向往作为我们的奋斗目标，始终与人民群众保持血肉联系，始终与人民心连心、同呼吸、共命运，始终拜人民为师、向人民请教，始终依靠人民推动历史前进。着力解决人民最关心最直接最现实的利益问题，最广泛动员和组织人民投身到党领导的伟大事业中来。

习近平总书记多次到焦裕禄纪念馆参观，“焦裕禄始终牢记党的宗旨，全心全意为人民服务，始终把人民群众的利益放在第一位，心里唯独没有他自己，这是永远不会过时的。”焦裕禄就是一本永远读不完、常读常新的书，他光辉的一生，是中国共产党人不忘初心、牢记使命的生动写照，孕育着我们党在“赶考”路上永远保持与人民群众血肉联系的精神力量。焦裕禄精神跨越时空、历久弥新，他对群众的那股亲劲、抓工作的那股韧劲、干事业的那股拼劲，正激励着兰考广大干部群众，在新时代开拓奋进，砥砺前行。

俞正声同志担任湖北省委书记时，严格自律，带头提出自己出行“不扰民、不鸣笛、不要警车开道”的“三不”硬性要求，开启了湖北政坛的新风。他在湖北工作六年，每年春节的时候，每年夏季最热的时候，一定要抽出时间到一线岗位来看望、慰问交警。作为洪山交通大队的秘书科长，我都亲身经历和目睹了俞正声书记到交警的岗台问候关怀，亲自给交警递送降温、防寒物品的身影。

俞正声同志每年批阅大量群众来信，真心关怀群众疾苦，笔者就亲自经历过这样一件事。

2006 年 4 月 8 日是清明节后的一个星期六，按照习俗笔者回老家扫墓。但我驱车一百多公里回到家乡武汉市蔡甸区曲口村时，发现村中的墓地里多了一座新坟，一打听才知道是 40 多岁的村支部书记曹哥，因为肝癌刚刚去世。村民说，村里像这样年纪不大的中青年人患重病的有好几个，大家认为我们世世代代饮用的水源通顺河水已经污染。通顺河是长江的一条支流，流经潜江、仙桃和武汉市蔡甸区，从武汉市的沌口流向长江。笔者的家乡曲口等5个村800多户人家一直用这里的水洗衣做饭，灌溉田地。这里是革命老区，红军时期的贺龙，抗日战争时期的李先念都曾在这里留下足迹，一望无际的万亩芦苇荡成为共产党领导的革命武装藏身和歼敌的天然屏障。家乡人民为共和国的建立做出了牺牲和贡献，但现在身体还经受水污染的侵扰，因病致残、因病致贫的困境依然还在继续。当天晚上，笔者夜不能寐，代表家乡父老提笔向省委书记俞正声同志写了一封《老区人民盼望自来水》的群众来信。一个星期后，我收到了湖北省委办公厅的回信，告诉我，俞正声同志收到我的情况反映后，十分重视，亲笔给武汉市委和市政府的主要领导作出批示："苗圩、宪生同志：建设社会主义新农村是一项惠民利民工程，要把解决好农村饮水安全问题作为重中之重。"5月初，武汉市正式启动了供水工程；12月，5个村830家农户结束了世世代代喝血吸虫河水的历史，终于吃上了来自长江的自来水。

榜样的力量是无穷的，我们公安干警要不忘初心和使命，守护国家安全和人民幸福。

我们的故事

自组乐队唱出公安民警的苦与乐

2016年6月14日，"黑咖啡品味有多浓，我只要办案的轻松，大白天做了个美梦，梦见我变成了英雄"，5位民警一边哼着改编版的《超级英雄》，一边紧张制作新歌。20日，公安部文艺小分队来到武汉市公安局硚口分局表演，由5位民警组成的石乔乐队也要露一手。

说起石乔乐队，不光是武汉公安系统，估计全国公安系统中都有不少人听说过它，它是由硚口分局5位80后、90后青年民警组成的。政治处民警敖星是乐队里唯一的女同志，歌唱的好听不说，演讲也是一流，获得过武汉市公安系统演讲第一名。政治处民警张静成是架子鼓鼓手，还是国家级健身教练。三曙派出所的王一星是乐队的吉他手。易家街派出所的鲍博是这支乐队的灵魂，在读大学时他就组过乐队，这些歌的作词、编曲基本上都由他负责。汉正街市场派出所的姜然画得一手好画。他给省公安厅官微画了不少漫画，寓教于画中，形象生动，有的还被搬到了街头。

成立于2015年的石乔乐队是武汉市硚口区公安分局的六大警营品牌之一，乐队作品以民警执行任务等为主题，每首歌的歌词都取材自硚口区公安分局普通民警的生活，展现警察的苦与乐。乐队于2017年登上央视《出彩中国人》的舞台，当时的成员包括鲍博、敖星、姜然、张静成、王一星。

目前的石乔乐队中，吉他手鲍博、贝斯手张天宇、吉他手严彪、鼓手易磊均是民警，辅警陶嘉蓉担任主唱。从组队至今，5位民警利用休息时间完成了两首歌——《出发吧，警察！》和改编版的《超级英雄》，让他们收获了不少粉丝。黄手环、民警盘查、追逃小偷……两首歌的歌词全都来自硚口普通民警的生活，加上生动诙谐的MV，展现了民警的苦与乐。

歌曲一经推出，便被共青团中央、公安部、平安荆楚等官微及公众号转发达上百万次，网友和民警们纷纷留言点赞。“写出了我们的心声，很多民警家属看后都感动得哭了。”硚口分局的一位民警说，石乔乐队的歌给民警平时枯燥的生活增添了不少色彩，也让他们感到安慰，工作更起劲。

2019年10月18日，石乔乐队出现在军运会开幕式前的暖场表演中，5 名硚口区公安分局民警与辅警表演原创歌曲《出发吧，警察！》，向全球观众表达武汉公安民警守护人民安全的庄严承诺。

能够参加军运会开幕式的暖场表演，鲍博抑制不住内心的激动，深感责任重大。他说，作为武汉公安的一员，本身承担此次军运会的安保工作，为了不耽误正常工作的完成，乐队 5 人都在晚上下班休息时彩排。“最困难的还是每人执勤时间不同，很难凑到一起，但只要在一起，我们就勤加练习。”为了展现最好的水平，鲍博等人经常练习到深夜。

2019 年 10 月 18 日的开幕式上，鲍博和他的队友，代表武汉公安民警，向全球观众歌唱，倾情唱响了歌曲《出发吧，警察！》。

第一缕阳光爬上来
我们就在你左右
每一个深夜的背后
有一盏灯在为你守候
繁华的街头
潮水般的车流
是谁的身影
东奔西走
准备好吗
我们就出发
人民公安你我他
风霜雨雪都不怕
托起每个幸福的家
准备好吗
立刻就出发
人民公安你我他
艰难险阻都不怕

带上梦想一起出发
看到你满意的微笑
我就会感到骄傲
哪怕我的身心疲惫
第一时间会在你身边
黄色的手环系住回家的期盼
红色的袖章
大街小巷
准备好吗
我们就出发
人民公安你我他
春秋冬夏在变化
从未停下我的步伐
准备好吗
立刻就出发
人民公安你我他
艰难险阻都不怕
带上梦想一起出发
准备好吗
我们就出发
人民公安你我他
风霜雨雪都不怕
托起每个幸福的家
准备好吗
立刻就出发
人民公安你我他
艰难险阻都不怕
带上梦想一起出发
出发

02

学习创新篇

让读书成为生活习惯

领导干部应该把学习作为一种追求、一种爱好、一种健康的生活方式，做到好学乐学。有了学习的浓厚兴趣，就可以变“要我学”为“我要学”，变“学一阵”为“学一生”。

——2013年3月1日，习近平在中央党校建校80周年庆祝大会暨2013年春季学期开学典礼上的讲话。

我不到16岁就从北京来到了中国陕北的一个小村子当农民，在那里度过了7年青春时光。那个年代，我想方设法寻找莎士比亚的作品，读了《仲夏夜之梦》《威尼斯商人》《第十二夜》《罗密欧与朱丽叶》《哈姆雷特》《奥赛罗》《李尔王》《麦克白》等剧本。莎士比亚笔下跌宕起伏的情节、栩栩如生的人物、如泣如诉的情感，都深深吸引着我。年轻的我，在当年陕北贫瘠的黄土地上，不断思考着“生存还是毁灭”的问题，最后我立下为祖国、为人民奉献自己的信念。

——2015年10月21日，习近平《共倡开放包容 共促和平发展——在伦敦金融城市长晚宴上的演讲》。

榜样的故事

习近平读书的故事

远离北京，远离亲人，身居梁家河，辛辛苦苦忙作了一天，到了晚上，夜深人静，习近平才拥有了属于自己的时间。在这个时间里，除了思念亲人，他就钻进了浩瀚的书海，书中自有黄金屋，书中自有大世界。

梁家河村支书石春阳常常回忆起第一次见到习近平的情景。

1969年1月16日，梁家河大队派了十几个年轻力壮的社员到文安驿公社接北京知青，怕人手不够，还牵了头毛驴来驮行李。知青们的行李有铺盖卷，有箱子。社员帮助知青搬行李箱，发现其中两个箱子特别沉，一个老式的棕箱，一个皮箱，都很陈旧，看着也不起眼，大家都觉得奇怪说："咋这么沉呢？这是谁的箱子？"习近平说这是他的箱子。当时也不知道习近平的名字，第一印象就是这瘦高个的后生有两个很沉的箱子。不久后王宪平等几个社员到习近平的窑洞串门，看到那堆起的一大摞书才恍然大悟，怪不得来的时候那两个箱子那么沉，敢情装的全都是书，可不就是拎不动嘛。①

走进习近平住的窑洞，满眼都是书，炕上、窗台上、箱子上，到处都堆着一摞一摞的书，工作队员陶海粟随手拿起一摞书最上面的一本书翻了翻，只见里面几乎每页边空上都密密麻麻用

① 见《习近平的七年知青岁月》，中共中央党校出版社，2017年第1版，第162、163页。

娟秀的字体写着批注，扉页上有“雷英夫”的签名，当时就暗自称奇：“共产党里的干部还有这么认真读书的！”这应该是习近平初到梁家河，在与乡亲们生活一段时间后给他们留下的最重要的印象——一位酷爱读书的年轻人。习近平就是从浩瀚的书本中，从崎岖不平的黄土高坡上，不断汲取着人生的营养，丰富着人生的阅历，寻找着为民服务的钥匙，培养着为民服务的情商。[①]

当时梁家河村子很小，总共就两个生产队。习近平、雷平生、戴明、王燕生、杨京生、佟达林 6 个人被分配到二队，也称“后队”，赵华安、张春富被分配到一队，是前队。赵华安，张春富是与习近平同一批从北京去梁家河插队的，他们俩人对当时习近平读书写字的样子还记忆犹新。[②]

习近平几乎视读书如吃饭和饮水一样必不可少，是同样重要的生活内容。他随时随地都在找书、买书、看书。当时在知青中，读书最多的就是他。在窑洞里的时候，习近平就在炕桌上、炕沿上写字。天气暖和的时候，他就搬一块石头，坐在石头上，趴在磨盘上写。他写字的姿势挺有意思，把纸斜放着，手也顺着纸的角度斜着写字。后来其他人也试过那样写字，感觉是比较顺手。习近平写字很规矩，一笔一画地写，每一个字都整整齐齐，清清楚楚。

他喜欢看书，喜欢思考，喜欢写东西。他带来不少书，不仅自己经常看，也把书借给别的知青和村里的老乡看，还从别的知青那里借书、找书看。梁家河村民武辉，也住在后队，离习近平的知青窑不到 20 米，他喜欢到知青窑洞去玩，其中一个很重要的原因，就是可以看习近平带来的很多书，炕沿上，铺盖上，枕头边上，全部都是。武辉后来回忆说，习近平他们住的那个窑洞特别温暖，也特别神奇，就像是知识的宝库。习近平见他喜欢书，就说：

---

① 见《习近平的七年知青岁月》，中共中央党校出版社，2017 年第 1 版，第 62 页。

② 见《习近平的七年知青岁月》，中共中央党校出版社，2017 年第 1 版，第 150 页。

"武辉，你喜欢看什么书就拿去看。"武辉跟习近平借的第一本书是《十万个为什么》，他还借过物理、化学课本，《三国志》，还有国外的文学作品，包括高尔基的《母亲》和肖洛霍夫的《静静的顿河》。

雷平生是雷英夫的儿子，是北京市八一学校的学生，和习近平既是校友，又在梁家河后队同一孔窑洞住了大约 6 年时间。他回忆道：习近平思路宽广，思想活跃，分析问题能力很强，这同他刻苦读书学习分不开。他读书有特点，一是他勤奋好学，到了夜以继日的程度，正如有些老乡所讲的——有个针缝的时间都要读书，抓紧一切时间学习。白天去山上劳动，晚上一有空就看书。白天干了一天农活后已经很累了，雷平生就睡觉了，而习近平吃过晚饭，总是拿起书本，开始学习。他怕影响别人，就把灯移到一旁，用身体挡着光线。他看书看得很晚，有时候雷平生半夜醒来，发现习近平还在看书，就问："近平，你怎么还不睡觉呀？"他总是说再看一会儿。雷平生颇有感慨地说：农村知青生活，可真是体力劳动和脑力劳动高度结合呀。

习近平读书注重分析对比。对于一个观点、一个史实，习近平要找出很多相关的参考书籍来阅读比较，从不同侧面去了解和分析这个问题。简单来说就是他经常以看一本书为主，同时又找相关的书籍作为佐证，不断扩展阅读书中的知识。他阅读比较广泛，有马克思主义经典著作，如《共产党宣言》《法兰西内战》《哥达纲领批判》《反杜林论》《国家与革命》《资本论》；有历史著作，如《中世纪史》《史记选》《汉书选》《后汉书选》《三国志》《中国古代思想史》；有文学作品，如《离骚》《古诗源》《李白诗选》《三曹诗选》；还有军事和国际政治的著作，如《毛泽东军事文选》《中国革命战争的战略问题》《十大军事原则》；有国外的《马克思恩格斯军事文选》《战争论》；有中国古代军事论述，如《中国古代军事理论选集》《三十六计》。①

① 见《习近平的七年知青岁月》，中共中央党校出版社，2017 年第 1 版，第 47 页。

读书如交友

德国文学家歌德曾说:“读一本好书,就像和一个高尚的人对话。”歌德是一位生命的智者,一位渊博的大师。是的,阅读可以开拓视野、启迪思维,点燃思想的火花。阅读一本好书,能够丰富我们的知识,陶冶我们的情操,启迪我们的智慧,点燃我们实现理想的希望之火。充实而有意义的人生应该伴随着阅读而发展,阅读应该成为每个人生命的需要,应该让阅读成为我们的一种习惯。联合国教科文组织为纪念西班牙作家塞万提斯和英国作家莎士比亚辞世的日子,专门确定了一个特殊的节日——每年 4 月 23 日“世界阅读日”。

读一本好书,如交一位益友,一切时代的精华尽在书中。读书是一种精神,一种力量,更是一种责任,一种使命。读书可以开阔人的眼界和心境,完美人的内在格局,从而成就更好的自己。读书学习是我们一生要做的修为,这是我们每一个人通向广阔世界最好的路。

读书的最终目的就是让我们用书本上学到的知识和方法从容看待事物、面对问题和解决矛盾。众所周知,太阳每天都是新的,河里的水时时不同,大凡世间万事万物无时无刻不在发生变化,通过读书来武装头脑,强化逻辑思维,培养自己的真知灼见和解决复杂问题的能力,学会用辩证唯物主义的眼光和方法去认知事物、发现其内在本质和规律、找寻最佳工作路径和最佳解决方案，才能更好地解决我们在基层工作中随时可能遇到的生产、生活、工作、学习等方面的矛盾和问题。

我们的故事

交通民警罗雷松

读书学习、培养情趣、提升本领，正在成为我身边警察战友的新时代生活方式。

1. 远赴利比里亚维和的武汉交警

2000 年，罗雷松从中国人民公安大学交通管理工程专业毕业，来到武汉市公安局洪山区交通大队成为一名交警，在洪山区雄楚大街站岗。由于他酷爱读书，认真钻研外语和公安技术，被选拔到武汉市公安局交通管理局科技管理处工作；2014 年 7 月 2 日，凭借他的勤奋好学、刻苦钻研，罗雷松从几百个报名的警察中脱颖而出，成功入选中国第二届维和警察部队。

“以前以为国际维和离我很遥远，没想到自己考上了。”罗雷松告诉交警同事，在海外更能感受到，中国日益展现着负责任大国的形象，“来自其他国家的维和警察以及利比里亚当地的警察和民众都对中国特别向往。他们都想来中国看一看 CHINA 到底是什么样子”。

2. 埃博拉病毒爆发时飞赴利比里亚

“每天都能听见救护车的呼啸声；耳边随时可能传来战友因埃博拉去世的消息，自己不知道会在哪个工作瞬间感染埃博拉病毒。”2014 年西非爆发埃博拉病毒，这年 7 月 2 日，由 18 名湖北警察单独组建的中国第十三支赴利比里亚维和警队从武汉出发，经北京飞赴利比里亚，36 岁的罗雷松是其中一员。这也是中国第二届维和警察部队。

“有些国家的维和警察撤走了，中国警察来了，还增派了医疗队。”罗雷松告诉记者，利比里亚全国人口 300 多万，其中有一百多万都居住在首都。他先后在布鲁威斯维尔和布什罗德岛两地的交通及公共安全部门，以及首都蒙罗维亚警务顾问队工作。由于内战遗留的影响，任务区治安一直不太好，发生一点小事就会有人聚集，特别是大选期间。“那几天，整个辖区的交通全部被堵瘫痪。为了防范于未然，我们必须实时监控，从早上上岗，一直到下午 4 点多钟人群散去才能吃上中饭。”

“我当时调到首都蒙罗维亚工作已经一个月了，有一个区始终不让我去。”罗雷松询问原因，同事告诉他，这个区里面有一个埃博拉病毒爆发点，凡是接触到患有埃博拉或者疑似埃博拉的人都会被隔离。

利比里亚国家警察总部大楼里就有警察被埃博拉病毒感染导致死亡。“我们当时就在同一栋大楼里上班。当时内心还是比较紧张，因为埃博拉病毒无论传染性还是致死率都相当高。”为了不让家人担心，罗雷松等 18 名中国维和队员主动断了和家人的联系。“我们知道家人会非常担心，他们承受的压力比我们更重。所以我们尽量不把压力传递给家人。”

2015 年 7 月 16 日，这支维和警队顺利完成为期一年的任务，凯旋回国。在这支由湖北警队成建制组成的维和队伍中，有 3 人来自武汉市公安局交管局，武汉交警成为派出人数最多的单位。这 3 名队员分别是：武汉市公安局交管局秩序管理大队民警罗雷松、宣传处副处长张建勇、科技管理处民警刘军。

一年里，3 名交警和其他队员们一道，团结协作，不畏艰险、不怕牺牲、顽强拼搏，始终坚守在最前沿、战斗在第一线，经受住了血与火、生与死的考验，圆满完成了各项维和任务，受到联合国、中国驻利比里亚使馆、以及公安部的充分肯定，被联合国授予“和平勋章”，罗雷松荣立二等功。他们以自己的实际行动为中国警察争得荣誉，也展示了武汉交警热爱和平、积极进取的精神风貌。

3. 当地警察和民众都对中国特别向往

让罗雷松感慨的是，来自其他国家的维和警察以及利比里亚当地的警察和民众都对中国特别向往。他们使用的许多日常生活用品都是 MADE IN CHINA，像手机、摩托车、服饰等。他们都想来中国，看看 CHINA 到底是什么样子。

有一次在街头进行交通安全宣传，罗雷松认识了一位来自加纳的女同事。“她说她的孩子在上海读书，她当场跟她的孩子打通国际长途电话，把手机交给我。没想到她的孩子用一口流利的中文跟我在电话里聊了 10 分钟。”

罗雷松告诉记者，在非洲，以前东亚面孔的人常常会被问是不是来自日本或韩国，“但我们去的时候，大家看到东亚面孔的维和警察，第一反应就是：你是不是来自中国？是不是中国人？”

“在海外更能感受到祖国的力量。”罗雷松维和期间碰到一位当地警察同事，得知他刚从武汉大学毕业。“突然见到有老外说他在武汉读了 4 年大学，我顿时觉得武汉已经走向世界。”

据悉，2000 年 1 月，中国首次派遣 15 名民事警察到东帝汶执行联合国维和任务，揭开了中国警察参加联合国维和行动的序幕。中国警察开始活跃在联合国维和行动的舞台上。这一年，两名湖北警察通过选拔首次参与了维和行动。2009 年 1 月湖北省公安机关首次独立组建维和警队，15 名队员前往利比里亚执行为期 1 年的联合国维和任务。2000 年以来，湖北省公安机关已向联合国 8 个维和任务区派遣维和警察 50 余人次执行维和使命。

4. 当年在雄楚大街执勤，夜晚没有路灯

2001年，罗雷松调到交管局科技处，从事交通优化组织方案方面的工作。19年来，他从交通窗口零距离感受到武汉跨越式发展的巨大变化。“当年在洪山交通大队站岗，我记得雄楚大街上好半天看不到一辆轿车，夜晚没有路灯。那时候，电子监控设施几乎只有抓拍闯红灯的设备和少量测速设备，如果发现有车辆压中心黄线等违章行为，是需要交警冲上去拦截的，简直太危险了。”

1903年，武汉出现第一辆机动车；到1949年，全市机动车只有1044辆。统计数据显示，罗雷松参加工作的2000年开始，武汉机动车保有量快速增长，到2002年总量突破50万辆，2009年底总量达90万辆，2010年8月31日下午突破100万辆。如今，武汉市机动车车辆之多令人感叹，道路的条件也发生了翻天覆地的变化。

然而与2000年相比，武汉交警数量却是稳中有降。从当年“执勤靠走、管理靠吼”，到现在智能监控、智慧交通，科技信息手段发挥了决定性的作用。罗雷松说，中国的发展是如此激动人心，让人自豪。

善于向群众学习

知屋漏者在宇下，知政失者在草野。

——2013 年 7 月 11 日，习近平在河北调研指导党的群众路线教育实践活动时的讲话。

通过深入基层、深入实际、深入群众，我们可以了解群众在想什么、盼什么、最需要我们党委、政府干什么。从而，使我们的各项决策和工作部署，集中民智，体现民意，反映民情，做实一件事，赢得万人心，真正做到情为民所系，利为民所谋，权为民所用。

——2004 年 4 月 9 日，习近平在富阳市调研时的讲话。

榜样的故事

领袖的情怀

上个世纪，陕北梁家河村还是一个偏僻、贫穷、落后的陕北小山村，在20世纪60年代末，迎来了北京插队知青，从此变得热闹起来。他们团结一致，斗志昂扬，带着青春特有的激情；他们艰苦奋斗，以苦为乐，带领和帮助村民摆脱贫困。就是这样一个普通的陕北小村庄，就是这样一群普通的北京插队知青，走出了我们新一代的国家领导人——习近平。①

在那个激情昂扬的岁月，在艰苦的环境之下，当年习近平带领群众战天斗地、摆脱贫困的实践生活让他完成了人生中的巨大历练，由一个懵懂少年走向思想成熟的青年，奠定了其坚毅的品格。身上闪耀的"坚定信念、一心为民、艰苦奋斗、实干担当、敢为人先、廉洁奉公"的梁家河精神跨越时空，融入中华民族伟大复兴的中国梦。

从1969年初到1975年，习近平与梁家河结下深厚的情谊。"几回回梦里回延安"。习近平虽在千里之外，但还是多次协助乡亲通电、修桥、建校等。1993年，他在百忙中第一次回梁家河探望乡亲，并且遵守和村民的约定，于2015年2月13日携夫人第二次回梁家河看望乡亲们。40多年以来，习近平无论走到哪里，心中始终有个思念的地方和一群想念的人，多次给梁家河的

① 见《习近平的七年知青岁月》，中共中央党校出版社，2017年第1版，第17页。

乡亲们回信，鼓励大家脚踏实地、真抓实干，把日子过得越来越红火。

“在陕北插队的7年，给我留下的东西几乎带有一种很神秘和很神圣的感觉。我们在后来每有一种挑战，一种考验，或者要去做一件新的工作的时候，我们脑海里翻腾的都是陕北高原上耕牛的父老兄弟的信天游。

“七年知青生活，最难忘田间地头一同滴洒的汗水，最难忘那碗热气腾腾来之不易的白米饭，最难忘寂静深夜里一豆荧火下煤油灯的味道，还有依依惜别时那眼中的不舍……”①

党的十八大召开，习近平同志担任中共中央总书记后，出台了一系列治国理政的方针政策，很多政策都能看到他当知青时从群众中直接接触的经历，有很多梁家河的印记，7年知青岁月为他治国理政思想树立了以人民为中心的核心。以人民为中心，首先就是要让人民摆脱贫困，过上幸福的生活。

习近平提出精准扶贫思想，应该与他在梁家河7年插队知青的经历密切相关。7年的风风雨雨中，他知道了什么叫农村，什么叫农民，什么叫艰难，什么叫困苦，知道了中国最原始的农村的生活状态。像陕北、甘肃等自然条件很差的地方，到处都是黄土坡，地里粮食产量低，又没有其他经济来源，农民吃饭都成问题，可以说7年间他了解了人民实际的疾苦并和人民建立了血肉联系。7000万贫困人口，6000万留守儿童，4000万留守妇女，两亿六七千万农民工，他对人民的困苦体验最深，他讲帮人民脱困讲得最为具体。

让一部分人先富起来，并不代表共同富裕的道路不走了，收入分配失调，贫富分化严重，这些问题仅靠市场经济就能解决吗？环境污染到了非常严重的程度，仅靠市场经济解决不了。我们的党和政府不同于西方资本主义国家的政党和政府，我们

① 见2018年7月8日，中央广播电视总台特别推出12集广播纪实文学《梁家河》。

的党是为人民服务的党。党的十八大以来的各项治国理政举措充分说明了这一点。习近平能做到这一点，与他在陕北7年经历分不开，它的根早已深深扎在人民中间，他的心一直连着人民。他从7年知青经历和以后基层从政经历体会到：我们党面临的“四种危险”中，最大的危险就是脱离群众。

2012年11月15日，习近平在当选为中共中央总书记后的第一次中外记者见面会上，数次讲到“人民”，讲到“人民对美好生活的向往，就是我们的奋斗目标”。

无独有偶，2015年2月13日习近平回到延川县梁家河村看望父老乡亲时也深情地说：“当时我离开梁家河，人虽然走了，但是心还留在这里，那时我就想今后如果有条件有机会我要从政，做一些为老百姓办好事的工作。”①

习近平总书记不仅是这样说的，更是这样做的。在梁家河当村支书的时候，在正定当县委书记的时候，在福建当省长的时候，在浙江当省委书记的时候，在上海当市委书记的时候——在不同的工作岗位上，他都不曾忘记人民，就是因为在梁家河的时候，习近平就把“人民”这两个字深深地刻在了自己的心里，而且历久弥新。

学习与思考

思想源于实践

“政者正也”，这是孔子的治国理政思想。他强调“德、礼、

① 见《习近平的七年知青岁月》，中共中央党校出版社，2017年第1版，第346页。

法”相结合的治国理政方略，“庶民、富民、教民”的治民之道，对等的君臣关系以及“举贤才”的人才战略等五个方面。“治大国若烹小鲜”，这是中国哲学家老子对治国理政的建议。

治国理政理论是执政党的核心理论，是执政党“精气神”的集中体现。延安时期，毛泽东同志与黄炎培先生著名的“窑洞对”，就在探索解决我们党执政后将面临的新情况、新问题之道。执政后，我们党坚持马克思主义基本原理，消化吸收中华优秀治国理政文化和国外先进管理技术，不懈探索这个问题，解决实践中遇到的问题，在国家治理上总结经验、反思教训，积累共识、弥补不足。协调推进“四个全面”战略布局，有力回答了我们党在21世纪如何更好治国理政、实现国家治理体系和治理能力现代化这个重大问题。

中华民族5000多年文明史，中国人民近代以来180年斗争史，中国共产党90多年奋斗史，中华人民共和国70余年发展史，改革开放40余年探索史，这些历史一脉相承，不可割裂。脱离了中国的历史，脱离了中国的文化，脱离了中国人的精神世界，脱离了当代中国的深刻变革，是难以正确认识中国的。

2019年3月16日，中央电视台《新闻联播》的两则消息格外醒目。第一条消息是习近平就新西兰克赖斯特彻奇枪击事件向新西兰总督雷迪致慰问电；第二条消息是《习近平在正定》一书由中央党校出版社出版发行。这本书是1982年3月至1985年5月，习近平同志任河北省正定县委副书记、县委书记，在正定工作3年多的采访实录。受访者既有中组部的老同志、当时的正定县委班子成员，也有当年的机关工作人员和采访过他的记者，还有一些普通干部群众。采访实录通过受访者的口述，生动再现了习近平同志在县委书记岗位上的奋斗轨迹，真实展现了一位对党忠诚、善政为民、深入调研、求真务实、锐意进取、勇于担当的优秀年轻干部形象。《习近平在正定》文风质朴、内容翔实，是了解习近平同志作为党和人民的领袖成长奋斗经历的生动读本，是激励新时代领导干部特别是年轻干部担当作为的鲜活教材，读起来能够使人的精神得到鼓舞、工作得到启迪。

看到这个报道，笔者连夜买到这本书，展卷阅读。从1969年1月到梁家河插队到1982年3月初到河北省正定县任职，这期间，相隔十三年零两个月。他从政生涯区域治理的第一站，是县域治理。从此，他的足迹一路从正定县、厦门市、宁德地区、福州市，福建省、浙江省、上海市，直至中央担任政治局常委。地方变了、职位变了，但始终不变的是为人民谋幸福的初心，他治国理政的很多思想发源于为梁家河乡亲们服务的7年知青岁月。

一口气读完《习近平在正定》，笔者的心情久久不能平静。河北省正定县位于华北平原的滹沱河畔，笔者的家乡湖北省武汉市汉阳县（现为蔡甸区）位于江汉平原的通顺河边。它们的地理位置同属于中国三大平原范围，地形地貌十分相似。蓦然间，30多年前长江支流通顺河畔汉阳县农村老家田间地头的一幕又出现在眼前：在江汉平原的田坎边，是一条笔直的碎石路直通天际，两边是高大挺拔的白杨树，公社和大队的干部，头戴黄草帽，三三两两蹬着“永久”牌二八自行车，汇聚在田间地头，查看庄稼，细捏着粉状的泥土，商讨着土地墒情。20世纪80年代的一个暑假，我在读高中，每年夏天学校放假都要回生产大队参加夏收夏种，经常接触到这些从公社下乡的干部。今天读到习近平同志1982年至1985年在河北正定县的生活场景，我感到格外亲切，一股泥土芬芳气息扑面而来。

书的封面是一张黑白照片，格外引人注目。1983年初春正定县城的大街上，摆着一张方桌，29岁县委书记习近平身穿一身褪色军装，探身向前，俯首倾听白发大娘在叙说家常。书中真实再现了习近平同志呕心沥血推动正定发展的感人画面，生动反映了习近平同志与正定广大干部群众“一块苦、一块过、一块干”的感人场景。习近平同志在正定工作生活的1000多个日日夜夜，与正定人民朝夕相处，为经济发展和人民幸福呕心沥血。

他用心血和汗水，在正定大地上书写了一部青春无悔的感人诗篇。

他在正定有很多动人的事迹。有生活上照顾老干部，把县委仅有的一辆212吉普车配给了老干部使用，把县委和县政府合用的大会议室腾出来做老干部活动室的故事；有勇于担当、实事求是地向中央和省委反映正定人民的生活状况和存在的困难，上级调查核实后决定把正定粮食征购任务减少2800万斤，缓解了正定农民口粮紧张问题的故事；有习近平同志"扯开嗓门喊人才"，引进石家庄机床附件厂工程师武宝信的故事；有借助电视剧《红楼梦》打造"荣国府"景区，极大地带动了正定旅游业的发展，开创了旅游业"正定模式"的故事。

书中最吸引我的是他下乡必用的"坐骑"——一辆半旧的二八自行车；最打动我的是他用情用心用力，始终以土地般的质朴，以亲人般的关心，以赤子般的情怀，用自己坚实的脚步一步一步丈量出468平方公里正定大地。三年零两个月，他走遍了正定县的沟沟坎坎，走遍全县25个公社222个大队，靠的是一辆半旧的二八自行车。他对身边的同志说，骑车有三个好处：一是锻炼身体，二是接近群众，三是节约汽油。他每次骑车下乡，从不提前通知，总是直接到农民耕作的田间地头，同农民一起下地劳动，了解农事，给他们出主意。由于他穿着朴素，对土质、种植和做农活十分在行，没有一丝一毫官气。第一次接触他的农民和村干部常常将他当成公社派来的农业技术员。1984年，县委书记习近平下乡到西柏棠公社塔元庄大队，途经滹沱河。当时没有桥，河里都是泥沙，骑自行车过不了河，推着也走不动，他就把自行车扛在肩上，踩着淤泥过河，裤腿满是淤泥。

2013年7月和2018年4月，习近平总书记两次到湖北武汉视察，因为工作关系，我两度目睹他途经武汉市洪山区欢乐大道外出参观考察，出行不封路、不扰民的情形。这与他在正定从政起步时的亲民爱民习惯一脉相承。

"待人尘寰，与众悲欢，始信丛中另有天。"习总书记对人民群众的一腔热血、一份深情，展示出其人格魅力的伟大力量。《习近平在正定》一书通过一篇篇"访谈"生动描绘了习近平树立矢志不渝的理想追求和植根爱国为民的家国情怀，再现了习近平同人民群众同甘共苦、情同手足、血肉相连、鱼水交融的青春面貌。作为基层一线的共产党员，笔者通过品读此书，从小故事中读出大道理，从口述史中洞察大时代，从真情怀中感受大担当，从奋斗史中汲取大智慧。也深刻感受到青年县委书记习近平正是从正定县从政起步的那一刻起，对中国的农村、农民和农业有了更深切的了解和感悟，对改变国家、人民、民族的命运增添了毅然决然的抱负和担当。

党的十八大以来，习近平总书记之所以能够带领党和人民披荆斩棘、攻坚克难，全面开创中国特色社会主义事业新局面，很大程度上来自他扎实的实践基础、深厚的经验积累和由此而来的深邃理论思考。习近平总书记说正定是他从政的起点。还原那段历史，再现习近平总书记正定时期的艰苦朴素生活和成长历程，人们更加全面地了解总书记的过去和现在，更加全面地认识党的十八大后确立习近平总书记核心地位的重大意义，从而更加紧密地团结在以习近平同志为核心的党中央周围，为实现中华民族伟大复兴的中国梦而努力奋斗。

习近平总书记在十八届一中全会中外记者见面会上向世界庄严承诺："人民群众对美好生活的向往，就是我们的奋斗目标。"这是他在河北省正定县从政开始的理想，更是总书记个人成长过程中始终与人民同甘共苦、水乳交融的自然流露。

习近平总书记追寻真理、脚踏大地、植根人民的成长历程，也是锻造习近平新时代中国特色社会主义思想的形成发展历程。《习近平在正定》给每一名共产党员，每一名党员领导干部上了一堂生动的马克思主义群众路线实践课，启发我们从源头上深刻理解习近平总书记治国理政新理念新思想新战略；警醒我们要时刻牢记共产党人的初心和使命，增强“四个意识”，坚定“四个自信”，坚决做到“两个维护”，为党和人民的利益奉献出自己的全部光和热。

我们的故事

全国首座警察公园

2018 年 11 月 11 日上午，《楚天都市报》新浪官方微博现场直播，全国各地 90 多万网友一睹警察公园风貌并纷纷点赞。人民警察纪念墙、禁毒知识长廊、交通安全棋、无人警局……武汉市硚口区曾经堆放垃圾的一处荒坡，经精心改造，建成全国首座警察公园。

占地 50 亩的警察公园过去是个大垃圾场，远离闹市中心。随着城市的发展，近年这里变成硚口区一处临街位置。围绕着怎样变废为宝、美化环境，硚口区公安分局提出了修建警察公园、传播民警文化、密切警民关系、建设平安社会的建议。这个将警营文化融入城市文化的创意得到湖北省公安厅、武汉市公安局以及硚口区委、区政府的认可和支持。经过一年的规划、设计、施工，这个具有警察历史展示区、平安知识宣传区、警营开发体验区、警民和谐服务区等 4 个功能区，共 35 个警察景观的主题公园出炉了，它集艺术性、实用性、宣传性于一体，既适合群众休闲娱乐，又兼具平安宣教功能。

硚口建成占地50亩全国最大的警察公园，推进警营文化建设（照片来源：楚天都市报）

驾车行至园博大道长丰高架边，在路南侧宜家警务站旁即可见“警察公园 POLICE PARK”标识的大门。从大门进去依次可见警察简史浮雕墙、警察卡通雕像、平安盾牌、警衔台阶等景点。坡中央一处平坦位置上建有警察广场，此处可以组织警民互动活动，广场向上，矗立着以长城为造型的人民警察纪念墙。“忠诚凝为永恒，思念化作传承”，纪念墙上镌刻了新中国成立以来全国民警因公牺牲的数据，作为公安队伍的榜样和社会的楷模，让前来参观的人们油然而生敬意。

在公园里可以看到一个名叫“交通安全棋”的模拟街区，在这里可以通过游戏方式，轻松体验各种交通警告标识、警令标识、指示标识，寓教于乐。

一条红色长廊吸引着目光，这里主要是用图文并茂的方式展示禁毒知识。据介绍，长廊设计的初衷就是为了时刻提醒群众自觉远离毒品、拒绝毒品。

高高的黄红蓝三色弧形门撑着一枚硕大的警徽，可以看见十分醒目的 7 个大字——“石乔警校训练营”。“石乔警校”是硚口公安分局和硚口区文体局共同打造的公安文化品牌，通过开展校园安全课、现场演习等活动向青少年传播法律知识和安全常识。在这个特殊的训练营，适合青少年体验的运动器械可以提高孩子们的速度、耐力、灵敏性、协调性等身体素质，让他们在趣味性的互动活动中体验警察的日常训练。

公园里的警种卡通像群，将 15 个警种以幽默调皮的“公仔”形象展现出来，亲和力强。

公园里还专门设有一个无人警局，可以为群众提供非接触式公安自助服务平台。群众在公园里散着步顺便把自己的事也办了。走一走长安路，逛一逛忠诚林，在警民亭、连心桥驻足……据悉，武汉警方正积极将这个主题公园打造成回顾警察历史的展馆、塑造警察精神的“礼堂”、展示警察形象的窗口、传播警察文化的学校、密切警民关系的桥梁、建设平安社会的阵地。

循着老一辈的足迹，武汉警察走出一条爱学习、讲情趣、有文化的高素质新时代发展道路。

解放思想　勇于创新

我们党靠什么来振奋民心、统一思想、凝聚力量？靠什么来激发全体人民的创造精神和创造活力？靠什么来实现我国经济社会快速发展、在与资本主义竞争中赢得比较优势？靠的就是改革开放。

——党的十八届三中全会，习近平：《关于〈中共中央关于全面深化改革若干重大问题的决定〉的说明》。

紧紧依靠人民推动改革。人民是历史的创造者，是我们的力量源泉。改革开放之所以得到广大人民群众衷心拥护和积极参与，最根本的原因在于我们一开始就使改革开放事业深深扎根于人民群众之中。全会决定归纳了改革开放积累的宝贵经验，其中很重要的一条就是强调必须坚持以人为本，尊重人民主体地位，发挥群众首创精神，紧紧依靠人民推动改革。

——2013 年 11 月 12 日，习近平在党的十八届三中全会第二次全体会议上的讲话。

榜样的故事

“一捅那个粪喷了我一脸……”

1971年初，根据周恩来总理指示，北京市派了一批干部到延安地区，帮助延安搞建设。海淀区派了一个老干部，叫张之森，到延川县担任县委常委、县革委会副主任。习近平最先提出来到四川学习办沼气，得到张之森的大力支持。①

到四川学习办沼气，习近平先后去了两次。第一次是在《人民日报》报道不久，梁家河大队支书习近平与北京市驻延川县干部柏根树等人一起到四川遂宁等地学办沼气。学习完回到梁家河后，习近平亲自带人在知青窑洞旁边挖沼气池子，他既是技术员又是施工员。1974年7月中旬的一天，文安驿公社知青专干刘明升到梁家河大队，正赶上沼气池两边的水位涨高了，就是没有沼气出来。习近平找了一根小棍子戳了几下，没有动静。刘明升又找了一根更粗的长棍子，与习近平一起往池子里戳，戳开一个窟窿，“嘭”的一下，粪水喷了习近平一脸，沼气哧哧往外冒，用火柴点了一下，火就“轰”地着了起来，接上之前安装好的灶台和灯，灶上的火很旺，灯也很亮，沼气成功了。习近平让刘明升骑上自行车到文安驿公社向等候消息的白光兴书记汇报。

沼气顺利点火，梁家河从此亮起了陕北高原的第一盏沼气

① 见《习近平的七年知青岁月》，中共中央党校出版社，2017年第1版，第105页。

灯，一举打破了“沼气不过秦岭”[①]的说法，轰动了整个延川县。全县掀起了一场轰轰烈烈的“沼气革命”，延川县委在梁家河召开了“沼气现场会”。1974 年 8 月 16 日，延川县委在第 8 期《延川情况》刊物上，通报表彰了习近平和他所领导的梁家河大队党支部。

延川县为了在全县推广办沼气的经验，县委书记申易拍板，由张之森带队，组成 7 人参观考察组，奔赴四川学习沼气技术，习近平随考察组第二次入川。1974 年 12 月，这 7 个人从延安坐汽车到了铜川，再从铜川坐火车去成都。四川省的各级领导不少是从山西南下的干部，他们一听说革命圣地延安来人，立即安排 7 人到省招待所住下，并接见从延川来的人，提起习仲勋同志，更是有感情。当即指示四川省沼气办安排了 2 台吉普车，派了两个同志专门陪同学习考察。并向省沼气办提出了目标，要让延川县的同志必须“都看到、都学到、都掌握”办沼气的技术。

延川县来学习的人态度非常认真，每见到一个沼气池都亲身下去学习考察，每一个地方都问得非常详尽。他们参观了各种情况的沼气池，有石头做的、有土挖的、有砖做的、有土挖以后再用水泥抹的，还有用石板砌的，在什么样的材质上建什么样的沼气池、怎么建，入料口、出料口以及密封口怎么做，这些细节学得非常具体。

习近平对待每一项工作都是那样认真，那样负责。四川各地沼气建设情况差异很大，为了把不同土质、气候的建沼气池的经验学到手，学习考察组走了 5 个地区 17 个县，历时 40 多天。习近平每到一处都学得非常认真，一一记在笔记本上。每天收工后，同大家一起探讨，发表自己的体会心得：我们要学习的关键是保证沼气池不漏水，要能够承担一定体积水的压力，而且要一次试水成功。因为要是水进去了，再想弄出来就费劲了。“一

① 见《习近平的七年知青岁月》，中共中央党校出版社，2017 年第 1 版，第 328 页。

漏就等于报废，所以一定不能漏。”

回到梁家河后，习近平到每家每户上门示范指导，梁家河家家户户都打了沼气池。社员们用沼气做饭、烧开水、照明。以前做饭，还要打柴，有了沼气，就不用费那么多的气力去砍柴了，社员们高兴极了，都说：这沼气可算是解决了咱祖祖辈辈烧柴的大难题。后来，陕西省在梁家河村召开了全省沼气现场会，在全省推广。很快，沼气就普及全省，给全省很多地方的农民都带来了实实在在的好处和便利。

学习与思考

走别人没有走过的路

创新是一个非常古老的词。在英文中，Innovation 这个词起源于拉丁语。它原有三层含义：一是更新，二是创造新的东西，三是改变。德国思想家歌德说：不断变革创新，就会充满青春活力；否则，就可能会变得僵化。

创新作为一种理论，它的形成是 20 世纪的事情。美国哈佛大学教授熊彼特，对经济学、管理学有深远影响，是大家比较熟悉的著名学者，他在 1912 年，第一次把创新引入了经济领域。创新成为人类发展的新动力。创新就是做别人没做过的事，走别人没走过的路，敢于打破思维定式，开辟新市场、新领域。

创新是人类特有的有意识、富于智慧的实践活动。马克思在其著作中不乏对创新的深刻论述。经过 100 多年发展，马克思主义关于创新的思想已经形成了完整的思想体系。

关于创新的本质。在马克思看来，创新作为一种人类特有的活动，确证了人是有意识、富于智慧的高等生物。马克思指出："通过实践创造对象世界，即改造无机界，证明了人是有意识的类存在物。"同一般的实践活动相比，创新作为求新求异的开创性实践活动，需要更多的知识和智慧，需要耗费更多的脑力劳动和时间，所创造的社会价值也更大，因而是一种高级形式的实践活动，是人的本质力量的重要体现。

进入二十一世纪以来，创新是一个民族进步的灵魂，是一个国家兴旺发达的不竭动力，也是一个政党永葆生机的源泉。习近平总书记强调："创新是引领发展的第一动力，是国家综合国力和核心竞争力的最关键因素，重大科技创新成果是国之重器、国之利器，必须牢牢掌握在自己手上，必须依靠自力更生、自主创新。"

爱因斯坦说过："不做新鲜事的人是不会犯错误的。"踩着别人的脚印前行，的确可以少走弯路，但永远拿不出符合自身需要、别人没有的一招鲜；一切照着过去熟悉的那一套办，虽然阻力少压力小，但永远看不到变革带来的新气象，甚至使思想越来越僵化。邓小平同志说过："没有一点闯的精神，没有一点'冒'的精神，没有一股子气呀、劲呀，就走不出一条好路，走不出一条新路，就干不出新的事业。"历史是发展的，历史也是公正的，历史从来都只眷顾那些与时偕行的奋进者、直面挑战的勇敢者、善作善成的实干者。

2018 年是改革开放 40 周年。回想改革开放以来共产党所走过的历程，我们发现改革路上并不总是布满鲜花和掌声，往往伴随许多荆棘和质疑。什么是改革者？改革者就是明知山有虎、偏向虎山行，不惜拎着"乌纱帽"为民干事的人。经过 40 年的改革，剩下的都是难啃的硬骨头。唯其艰难，才更显勇毅。各级领导干部要始终牢记，我们的职权是人民赋予的，我们的使命就是为人民谋幸福。我们改革也好，我们发展也好，最终的目的都是为中国人民谋幸福、为中华民族谋复兴。所以，每一个领导干部都要把人民的利益放在第一位，在利弊权衡的重大关头要敢于决断，在深化改革的关键时刻要豁得出去，切不可在患得患失中错失改革机遇。这是衡量一个领导干部党性强不强、敢不敢拼的试金石。

习近平总书记在2018年新年贺词中强调，改革开放是当代中国发展进步的必由之路，是实现中国梦的必由之路。“唯改革者进，唯创新者强，唯改革创新者胜”。深化改革、扩大开放、创新驱动，三者互为关联、互为支撑。开放是改革的必然要求，通过开放才能看到差距，找到不足，找准定位。改革是开放的必然途径，要消除差距、补齐短板，唯有依靠改革。创新是改革的必然选择，改革依靠创新实现突破，当我们发现老办法不管用了，就需要敢于“拿来”，善于“吸收”，精于“升华”，大胆突破积累式创新，探索颠覆性创新，让创新为改革激发活力。

当前，世界经济和科技竞争的领域不断前移，创新意识和创新能力已成为衡量一个国家综合国力和国际竞争力的重要因素。提高民族创新能力，完善国家创新体系，是我国现代化建设的必然选择和迫切需要。发扬开拓创新的进取精神，需要的是有足够的热情和勇气。对于党员而言，党性原则、价值追求的具体体现，就是要把党和人民利益放在至高无上的位置，始终保持朝气蓬勃、浩然正气，对职责范围内的事情，须全力以赴，不能有丝毫懈怠；遇到问题和矛盾，须迎难而上，不能有丝毫退缩；在重大突发事件面前，须挺身而出，不能有丝毫逃避；出现问题和失误，须勇于承担责任，不能有丝毫推诿。

我们的故事

办赛水平一流

2019 年 10 月 18 日至 27 日，第七届世界军人运动会在武汉顺利举行。武汉宣布赛会期间本地市民不放假、工地不停工、车辆不限号，让全市人民共迎世界宾朋。欢乐的海洋背后，湖北公安、消防等多支“铁军”密切配合，日夜坚守，护航军运安全，依靠的就是“科技创新”的利器。

“军运会安保既是一场能力大考，更是一场政治大考、作风大考；既是一次使命之战，更是一次荣誉之战。我们必须举全省之力、集全省之智，全省动员、全力以赴，坚决打赢这场攻坚硬战。”湖北省公安厅有关负责人表示。

1. 科技助力，严防死守

10 月 18 日，第七届世界军人运动会开幕式当晚，各参赛国运动员途经武汉体育中心微型消防站时，纷纷向正在执行安保任务的消防员致敬。奥地利代表团 4 名运动员还来到微型消防站内，在消防车前与消防员合影，竖起大拇指为消防员点赞。

武汉体育中心消防安保团队成员张义民说：“我们是离舞台最近的人之一，但我们却只能坚守在灯光昏暗的舞台下，无缘欣赏到精彩的表演。不过，作为消防员，能担任这样重大赛事的安保，我们感到很自豪！”

汉警快骑队员在开幕式安保现场(照片来源:楚天都市报)

武汉体育中心是本次盛会的主会场,自 2019 年 8 月起,消防员对武汉体育中心进行 24 小时不间断消防巡逻。开幕式的璀璨焰火之下,200 多名消防员驻守现场,确保万无一失。开闭幕式观众众多,武汉经济技术开发区(汉南区)公安分局则运用先进的物联网、智联网科技,通过 AR 实景地图,实现对人流和车流实时监测、事件预警。

为保障军运会期间安全,机场公安局全面提升安保等级,在军运会前,按照"纵向到底、横向到边、全面覆盖、不留死角"的原则,全面排查安全隐患。还专门配备了排爆机器人、视频指挥车等反恐防暴特种装备器材,确保人员保障有力,人流出入安全。

2. 科学调度,平安通畅

"军运会 21 日出行指南""军运会 20 日出行指南"……打开武汉市交管局网站和客户端,军运会期间,每天的出行指南都贴心地为驾驶员准备妥当。

第七届世界军人运动会所有赛事活动均在武汉市域范围内举行,共涉及 35 个场馆、50 多处住宿地,基本分散于全市所有行政辖区。万余运动员、工作人员每天交通保障线路共有 200

余条，"军运专用道"长达194公里。

为兼顾赛事车辆通行和市民正常出行，武汉市采取临时交通管理措施，明确了不实施车辆单双号限行。交通保畅任务因此更为繁重。赛事期间，武汉交警全员上岗，在200余条保障线路、武汉入城道路卡口、火炬传递线路、军运会35个场馆和签约酒店的周边道路，设置公安检查点，对进入上述线路的人员、车辆进行身份验证和安全检查。同时，通过智慧指挥、智慧引导、智慧路口等科技化手段，实时缓解全市道路交通压力。

3. 礼让军运会专用道成为一道风景线

第七届世界军人运动会首次在一座城市举办全部比赛，近万名运动员来自109个国家，是武汉承办的规模最大、级别最高、影响最广的国际体育盛会。军运安保责任重大，如何在世界嘉宾面前既有"国际范"，又让本地群众点赞？武汉警方使出了"洪荒之力"。

在公安部和湖北省公安厅统一指挥部署下，武汉公安全警齐动，全员参战，本着"细致、精致、极致"的原则，周密组织，立体布防，高效协作，确保了军运会开幕式平安有序举行。自2019年10月16日开赛以后，武汉全市社会治安良好，路面及轨道交通井然有序。

10月15日，武汉军运会临时交通管理措施正式开始实施，城区内路面交通秩序井然。当天早高峰时，在长江二桥、二环线发展大道路段、常青路多处主干道，没有一辆车占用军运会专用道，成为一道独特而靓丽的风景线。

在军运专用道通行的军运会工作用车，每次车辆不多，但使用频率不低，不时有专用车辆通过，往返于场馆、酒店、工作驻地之间。自驾上班族在排队，军运会专用道空空荡荡，驾驶员们心中涌起的是自觉维护军运会的自豪感，还有一些奉献精神。在"武汉交警"官方微博里，网友们纷纷留言："既保障专用车辆通行，又尽可能保证市民正常出行，我给交警点赞。”

没有抵触，主动礼让，既是武汉驾驶员综合素质的体现，也是军运会交通管理措施“尽量方便市民”做法收到的回应。为兼顾确保赛事车辆通行和市民正常出行，武汉市政府经慎重分析研判，决定在军运会期间不实施机动车单双号限行。

武汉公安交管部门用创新推动机制变革，建设了一套具备智慧感知、智慧控制、智慧诱导的智慧路口控制系统，实现了路口路段通行效率“分钟级”优化、实时引导分流，对保障线路上的482个路口以及影响到的总共有1000多处路口进行优化，自动检测交通流量，自动生成信号灯控制方案，通过“绿波带”“溢出控制”“动态可变车道”等多种信号灯控制技术，还能够最大限度地提高路口通行能力，适应路口交通流量突变对交通造成的影响。

在武汉市公安局交通管理局指挥大厅可以看到，交通态势平台每2分钟就会扫描一次全市道路交通状况，实时感知在途交通流量、进出城交通流量、交通拥堵态势，对可能发生突变的交通趋势进行监测预警。交管部门认真梳理每场赛事的时间、地点、参加人数，制订精细化交通组织方案，通过北斗高精度定位、视频接力、信号灯一键控制等综合技术，将保障赛事车辆出发、到达时间精确到“秒”级。

4. 五大语种精英100名“蓝臂章”上岗

10月11日，军运村开村，运动员陆续抵达，佩戴蓝臂章的涉外警务服务队队员同步进驻。

衣食住行、问路咨询、物品遗失，精通5种外语的“蓝臂章”们，整天忙碌不停。在欢迎中心碰到法国代表团的运动员，武汉市公安局出入境管理支队民警胡迪用流利的法语介绍军运村，她毕业于武汉理工大学法语专业，“我的臂章上标注着我会的语种是法语，方便外国运动员识别。”她说。

武汉涉外警务服务队在军运村(照片来源:楚天都市报)

随着武汉国际化程度的提高,常住外籍人员数量每年都在增长。结合此次军运会服务需要,武汉市公安局于 2019 年 2 月面向全市公安机关公开选拔考试,专门组织语言培训和涉外警务处置培训,组建了一支 100 人的涉外警务服务队伍。他们掌握英语、法语、俄语、西班牙语、阿拉伯语等 5 种外语,其中既有参加过 3 次维和行动、沉稳干练的“老师傅”,也有参警时间不长、青春热血的“90 后”。军运会期间,他们分布在军运村、比赛场馆、路面街道等处,参与巡逻执勤和处理各类涉外警情。

19 日上午 11 时许,武昌交通大队汉警快骑队员毛欧阳正在武汉大学西门外执勤,看到两名身穿运动服的外国人站在路边想拦乘出租车,由于语言不通,踌躇着一直没有拦到车。民警毛欧阳主动上前用英语问道:“Where do you want to go?”(你们想要去哪里?)两人立即自我介绍说,他们是参加军运会的柔道运动员,指着手机上武汉理工大学体育馆的照片。“你们想去这里,是吗?”毛欧阳用英语问道。两名运动员说“yes”,毛欧阳很快帮他们拦下一辆出租车。

5. 涉赛人员走错场馆也在警方预案中

18 日下午 3 时,在开幕式现场安保指挥部,电子大屏上智慧应用系统清晰地呈现实时数据、研判结果，大屏通过联网线路，随时可切换调阅各治安检查站点、各安检口实时工作状态。

参加开幕式的所有人员必须通过安检才能进入现场。各国代表团成员将在军运村统一接受安检后，乘车直抵武汉体育中心，途中无须再经过安检。当天下午 1 时 30 分，300 辆大巴有序停入军运村 3 号停车场，7 个安检口全部准备就绪，“远端安检”正式开始。6500 人依次将背包、手机、手表、钥匙等物品分类放在盒子里通过 X 线机，自己则走过太赫兹检测仪和安检门。一位旗手是坐轮椅的残疾人，安检后登车困难，民警朱雄把他背上大巴车。下午 4 时 40 分许安检完成，比预计提早了 30 分钟。

19 日下午 4 时，武汉警方军运会安保动态信息显示：截至 19 日 16 时许，当天共举行了足球、篮球、拳击、柔道、击剑、乒乓球、射击、马术、游泳、跳伞、军事五项（射击）、沙滩排球、自行车、女子高尔夫等 16 个项目的比赛，各项赛事有 2300 余名运动员参赛，前往现场观看的观众 17000 余名。武汉警方投入充足警力，安保场馆情况良好。武汉军运会自 10 月 16 日开赛以后，已经举行了近百场次比赛。武汉警方街面警务启动一级勤务，全市出动 3800 余人次展开巡逻，通过视频巡查、实地督导，环城 100 个治安检查站（点）加强查控，治安态势良好。

19 日上午 9 时许，在军运会蔡甸射击馆入口，两名外国运动员焦急求助，说自己走错了场馆，要去射箭馆。在此执勤的蔡甸交警袁梦君、罗潇用英语接待，开车把他俩送到 4 公里外的射箭馆。据了解，涉赛人员证件物品遗失遗忘、走错场馆等情况，也在警方的处置预案中，全市公安机关先后制订了 300 余项方案预案，通过前期系列测试赛的实战演练，对安保指挥、运行、保障、应急等环节是否高效有序，安保政策、工作措施、勤务组织等是否规范实用，安防设施、指挥通讯等是否符合实战要求，查找问题和薄弱环节，不断修改优化。武汉市还在每个区组建 100

人以上的专业快反队，拓展200个“1、3、5分钟”快速反应圈。

据介绍，为了对军运会安保做好万全准备，武汉市公安局建立1个安保联勤指挥部，开幕式、军运村、交通组织等3个前沿指挥部，22个警种和15个区成立分指挥部，在各场馆、接待酒店、环城护城公安站点设现场指挥部，形成赛时运行模式，与省市22家安保成员单位建立“日研判、周调度、月推进”联络沟通机制，细化明确162项安保任务清单、357项二级清单，形成上下贯通、左右互通的“大安保”格局。

6. 枪支入境出境实现零丢失、零差错、零事故

10月30日下午，国际航班载着参加武汉军运会的乌拉圭代表队射击项目所用枪支从武汉安全出境，至此，各国代表队因参加军运会射击项目比赛而入境的千余支枪支全部安全出境。在时间跨度长、入境口岸多、枪弹数量多、场馆分布广的挑战下，军运会枪弹安保工作成功地实现赛事枪弹零丢失、零差错、零事故。

千余支枪支、数十万发子弹入境：射击是军运动会最大的特色项目，也是参赛人数最多的项目。61个境外参赛代表团需要携带千余支枪支、数十万发子弹入境，涉及8个口岸。如何确保枪弹抵离、运输、存储、使用安全，同时又高效便捷地服务赛事需要，这对军运会安保工作的确是一个重要的课题。

在公安部、省公安厅和市委市政府的大力支持下，武汉警方经过科学研究，明确了“通关准备、枪弹入境、枪弹押运、枪弹管理、枪弹出境”等五大流程，在枪弹抵离、通关、运输、储存、使用等环节加强“闭环式”管控。

军运会执委会出台了竞赛运动枪支弹药安全保卫总方案，成立由武汉市公安局牵头，抵离中心、武汉天河机场海关、武汉出入境边防检查站、湖北机场集团、湖北省公安厅机场公安局及5个项目竞赛委员会等18个单位参加的军运会枪弹安保指挥部，武汉市公安局治安支队设枪弹安保工作专班全面统筹推进，与相关部门反复沟通、协调，得到全力支持。

武汉市公安局专班提前介入，实地指导有射击比赛的5家场馆的枪弹库室按照一级风险枪弹库室要求，加强入侵报警、视频监控等技防设施建设。军运会正式开赛前数月，5家射击场馆分别开展了射击项目比赛测试赛积累经验。9月3日，专班组织对130名射击场馆枪弹库室“六大员”（枪管员、值守人员、安保人员、系统操作员、枪弹发放员、破拆员）及属地分局治安民警开展培训；当月又会同机场公安局开展全流程合成演练。

5个比赛场馆领存枪支9690次：10月14日22时45分，首个携带竞赛运动枪弹的科威特代表团乘国际航班抵达武汉天河机场，16名运动员携带14支枪、3050发子弹。由于准备充分，分拣井然有序。10月16日，迎来枪弹抵达高峰，斯里兰卡、斯洛文尼亚、奥地利等多个国家的参赛代表队携带枪弹相继抵达。边检、海关同步开展工作，枪弹分拣工作忙而不乱，保障了峰值时段人员、枪弹不滞留、零差错。

这期间，武汉警方工作专班派出6名警力24小时驻守武汉天河机场，在枪弹临时中转站现场设置的5个专门分拣区域参与分拣流程，逐枪逐箱张贴中英文标签，未出一例差错。江岸区、武汉经济技术开发区（汉南区）、东湖新技术开发区、蔡甸区、黄陂区等5个公安分局，先后执行武汉天河机场至5家射击场馆枪弹押运往返引导护送任务267趟，保障了枪弹运输的绝对安全。枪弹交接入库过程中，工作人员运用军运会枪弹安全管理信息系统采集枪弹信息，现场打印二维码，实现人员、枪弹信息相符。

军运会枪弹安全管理信息系统发挥了重要作用，对5个比赛场馆实时掌握枪弹基数，全部出入库流向动态监控，运动员每次领取、归还枪支用时不会超过40秒，最快达到了只需数秒。系统运转后，共领存枪支9690次，智能、准确、便捷、高效，保障了赛事枪弹运行管理工作的安全顺畅运行。

蔡甸区野战国防园射击馆是射击比赛最为集中的场馆，场馆探索性创建了1600平方米的赛时临时枪库，敞开式枪架，自助式取存，体验感好。结束比赛的运动员和教练员办理存放枪支的手续时，在接待窗口扫一扫枪支上专门加贴的二维码，确认枪支对应的运动员、教练员信息与持枪人一致，就可让其便捷地进入敞开式枪架存放枪支。枪支按每个国家固定位置进行摆放。

枪库大门口，武警24小时值守；枪库内，30多路高清视频探头，将枪架与枪架之间的通道、接待前台等全区域24小时、无死角地监控起来，外围还加装了红外预警系统。此外，还有民警日夜值守，确保了所有枪弹绝对安全、万无一失。

10月21日下午，武汉警方驻广州的枪弹安保工作组接到紧急通知，一名外国运动员将提前于当日携带个人用枪从广州出境。工作组立即与广州边检联系，确认其单独携枪出境应具备的条件。

当日18时30分，工作组全员上岗，守候在白云机场T2航站楼。19时26分，由武汉飞往广州的航班飞机提前19分钟抵达。货舱门一打开，工作组人员立即站立在旁，注视着枪支从后舱取出，随后一路护卫从专用通道运到T2航站楼枪弹暂存点。22时18分，枪支转至枪弹查验室顺利完成了核查。这名运动员被多个部门的工作态度感动了，他不由自主地竖起大拇指表示赞赏。10月22日0点30分，机场公安、边检和枪弹组人员又一起护卫着枪支经过专用通道运至国际航班飞机上。凌晨1点35分，随着飞机腾空而起，目送它远去，军运会第一批出境枪弹安保任务顺利完成。

军运会落幕，随后连续迎来枪支出境的高峰，武汉警方工作专班民警继续按照“1（武汉）＋3（北京、上海、广州）＋N（昆明、厦门、成都、乌鲁木齐）”的工作模式，驻守各个口岸机场，24小时协助抵离工作站开展协调枪弹通关、加强枪弹守护及应急处置等工作。

据介绍，在每个代表团的枪弹出境前，武汉警方工作专班都主动协调武汉边检站、机场海关，将子弹清点工作前置到射击场馆，为枪弹出境节约时间。针对有的国家参赛队携带的激光枪未办“枪弹携运许可证”、枪弹与实际申报信息不符，有的运动员遗失“枪弹携运许可证”，有的改变出境地点，有的出现航班延误等种种问题，专班民警均竭尽所能提供帮助，确保了所有枪弹顺利安全地入境、出境。

2019 年 11 月 7 日，新华社消息：中共中央总书记、国家主席、中央军委主席习近平近日对第七届世界军人运动会成功举办作出重要指示强调，第七届世界军人运动会成功举办，体现了中国气派、军人特色，实现了“办赛水平一流、参赛成绩一流”目标。在新中国成立 70 周年之际，这次国际军事体育盛会的成功举办，向世界展示了新时代的中国形象，宣示了中国和平发展主张。这是在党中央和中央军委领导下，组委会、军地各有关方面共同努力的结果。湖北省及武汉市以高度的政治责任感精心组织、精益求精，广大市民以主人翁姿态热情参与、积极奉献，为军运会圆满成功作出了重要贡献。习近平指出，各有关方面要认真做好总结和表彰工作，发扬成绩，凝神聚力，激励广大干部群众为实现“两个一百年”奋斗目标、实现中华民族伟大复兴的中国梦贡献智慧和力量。

“办赛水平一流”，是党和人民对承担第七届世界军人运动会安全保卫重任的全国公安民警，特别是湖北 6 万公安民警的最大褒奖。

03

艰苦创业篇

乐观面对艰难困苦 砥砺前行

青年朋友们，人的一生只有一次青春。现在，青春是用来奋斗的；将来，青春是用来回忆的。人生之路，有坦途也有陡坡，有平川也有险滩，有直道也有弯路。青年面临的选择很多，关键是要以正确的世界观、人生观、价值观来指导自己的选择。

无数人生成功的事实表明，青年时代，选择吃苦也就选择了收获，选择奉献也就选择了高尚。青年时期多经历一点摔打、挫折、考验，有利于走好一生的路。

要历练宠辱不惊的心理素质，坚定百折不挠的进取意志，保持乐观向上的精神状态，变挫折为动力，用从挫折中吸取的教训启迪人生，使人生获得升华和超越。总之，只有进行了激情奋斗的青春，只有进行了顽强拼搏的青春，只有为人民作出了奉献的青春，才会留下充实、温暖、持久、无悔的青春回忆。

梦在前方，路在脚下。自胜者强，自强者胜。实现我们的发展目标，需要广大青年锲而不舍、驰而不息的奋斗。

——2013 年 5 月 4 日，习近平同各界优秀青年代表座谈时的讲话。

榜样的故事

当知青第一天，习近平笑了[①]

1969 年 1 月 13 日，农历戊申猴年十一月二十五日，星期一，这是岁月的历史长河里再平凡不过的一天，但对于那个时代的一群年青人来说，这一天将影响和改变他们今后一生的命运。一辆绿皮火车停靠在北京火车站的站台上，蒸汽机机头喷发出浓浓的白烟，在车厢上挂着"知青专列"的铁牌。这是一辆从北京开往陕西的专列，1000 多名北京知青即将从这里奔赴陕西延安农村插队落户。

1968 年 12 月 22 日，《人民日报》发表了一篇文章，题目叫作《我们也有两只手，不在城里吃闲饭》，在编者按语传达了毛泽东主席的最新指示："知识青年到农村去，接受贫下中农的再教育，很有必要。"那个时候，全国各地都沸腾起来，每隔一段时间就会传达毛主席的最高指示，大家心潮澎湃，熬着夜上街游行，敲锣打鼓，庆祝和拥护毛主席发表的这段最新指示。那个时候，每个人的内心都沉浸在毛主席"知识分子与工农相结合"的伟大号召里，热切希望到农业生产的第一线去，到广阔的农村安家落户。

学生的思想是最单纯、最容易受到影响的，他们响应毛主席号召的行动也是最快的。北京市各个中学的初中、高中毕业生踊跃报名，要求到延安插队，这天早上 1000 多名来自各个中学

① 见《习近平的七年知青岁月》，中共中央党校出版社，2017 年第 1 版，第 4 页。

的学生陆续到达北京火车站，加上给他们送行的父母、亲戚和朋友，火车站的站台从里到外挤满了人。北京市八一学校的20多名同学也登上了这辆火车，其中一名1953年6月出生，还不满16周岁的高个子少年，成为这1000多人中年龄最小的一位。

火车停在那里的时候，这些人心情还是很好的，有说有笑。可列车一开动，车上车下就是哭声一片了。不光女知青哭，男知青也哭。毕竟都是十几岁的孩子，打小大多都没怎么单独离家出过远门，也基本上没有离开过自己的爸爸妈妈。加上对陌生地方的未知的揣测，对未来个人命运的不确定性的疑惑，让他们流下了既激动又伤心、既憧憬又害怕的泪水。

这个高个子少年与同校67届毕业生雷平生坐在火车的同一节车厢里。这时候，有位同学向他喊道："你姐姐来送你了。"这个少年闻讯站起身来，看见了自己的姐姐。姐姐把一包水果交给他，嘱咐他一路小心，到了那边注意搞好生活，自己照顾好自己。少年点头答应着，没有太多的话。他站在车厢里，没有流泪，只是长时间地凝视着他的姐姐。随着火车长长的汽笛声，这些风华正茂的年青人背井离乡，在亲人的目送下，奔向他们心中的目的地。几十年过去了，姐姐对弟弟当时在火车上的动作、眼神依然记忆犹新。而这个少年就是北京市八一学校68届初中毕业生习近平。[①]

多年以后，习近平在一次访谈中回忆起当时发生的情景，他说："在去延安的专列上，我记得很清楚，那是1969年1月份，全部都在哭啊，那整个专列上没有不哭的，就是我在笑。当时车底下我的亲属都说，你怎么还在笑啊？我说我不走才得哭啊，我不走在这儿有命没命我都不知道了，我走这不是好事吗？你们哭什么呢？所以他们是破涕为笑。"[②]

---

① 见《习近平的七年知青岁月》，中共中央党校出版社，2017年第1版，第8页。

② 见《习近平的七年知青岁月》，中共中央党校出版社，2017年第1版，第125页，第285页。

学习与思考

青春须早为

人生如穿衣，第一粒扣子如果扣错了位置，那下面的纽扣就会沿着错误的位置继续错下去。我们毫无意识地受着“纽扣效应”的影响。青春不会重来，习近平总书记勉励青少年“扣好人生第一粒扣子”，也就是让我们把握好人生第一步。

“青春须早为，岂能长少年！”“此生泰山重，勿作鸿毛遗。”这是我们的先贤对青春、对人生的美好期许。人生最重要的时候，往往不是最苦的时候，而是在刚开始起步，看不到目标的时候。如果世界观、人生观、价值观在青年时代不打好扎实的根基，就很可能在迷茫和迷失中虚度年华、浪费青春。

人生有怎样的开始，就有怎样的结尾。我们要扣好人生第一粒扣子，走好第一步。“第一粒扣子”怎么扣，青年时代的步子怎么走，决定一个人能否走好一生的路，无论是坦途还是陡坡，平川还是险滩，直道还是弯路，以正确的世界观、人生观、价值观来指导，需要做出选择的时候，就不会迷茫。青年时代，选择吃苦也就选择了收获，选择奉献也就选择了高尚。扣好人生的第一粒扣子，走好人生的每一步。相信激情奋斗过的青春，顽强拼搏过的青春，必将更充实、更温暖、更无悔。

童年、少年、青年是人一生成长中最宝贵的三个时期，少年儿童、青年是祖国的未来，是中华民族的希望。习近平总书记时刻心系少年儿童和青年的成长。

2013年5月29日，在北京市少年宫习近平以一个“大朋友”的名义，向全国少年儿童祝贺节日。从北京市少年宫到人民大会堂，习近平和小朋友们共度“六一”儿童节，并寄语全国少年儿童。

2013年5月21日，习近平到四川地震灾区慰问受灾群众。“爷爷！”1岁半的骆俊成奶声奶气地喊了一声，嘟起嘴巴想亲亲习近平，这时，习近平笑着摸摸骆俊成的脸，亲了亲他。温情的一吻，让帐篷里原本很紧张的人，一下子放松了。

2013年8月30日下午，习近平来到沈阳沈河区多福社区下岗再就业工人丛龙江家看望，关切询问一家人的生活工作情况。看到丛龙江7个月大的孙女，他高兴地把孩子抱起来。孩子十分乖巧，一双眼睛充满童真。习近平笑着说：“很可爱，很安静。”

2013年11月3日，习近平在湘西土家族苗族自治州花垣县排碧乡十八洞村与村干部、村民座谈时，亲切地给小朋友递花生。

2013年12月28日，习近平在北京市月坛北路庆丰包子铺吃午餐，与家人一起吃饭的袁宝小朋友跑到了习近平面前。小袁宝对习近平说：“习爷爷好！”习近平笑了，问小袁宝：“你几岁了？”“五岁零八个月！”小袁宝说。“个子这么高，挺壮实嘛，来，照个相吧！”随后，习近平笑着把小袁宝拉到身边，小袁宝的父母赶紧拿出手机，拍了几张照片。

2014年1月28日，习近平来到呼和浩特市儿童福利院，看望在这里生活的儿童。这家福利院是当地政府主办的集养护、治疗、康复、教育、安置为一体的儿童福利机构，当时有200多名孤儿、残疾儿童入住。

看到孩子们无忧无虑地生活，习近平感到很欣慰。在儿童宿舍，他和聋哑女孩王雅妮、放假“回家”的大学生闫志净用手语进行交流。

2014年5月30日，习近平在北京市海淀区民族小学重温入队仪式时，对围拢过来的孩子们说："我是1959年上学，1960年入队，因为年龄稍小，不是第一批，当时还哭了鼻子。"听到这，孩子们笑了起来。总书记笑着问："是不是没出息啊？"一些孩子说："是。"听到童真的回答，大家都笑了。看到孩子们写的"精忠报国"，习近平总书记有感而发，他说："我从小就受这4个字影响。四五岁时妈妈买了小人书，给我讲精忠报国、岳母刺字的故事，我说刺字不疼啊？妈妈说，虽然疼，但岳飞会始终铭记在心。我记到现在。精忠报国，是我一生的目标。"

在2015年在陕西杨家岭福州希望小学考察时，习近平强调，革命老区、贫困地区要脱贫致富，从根儿上还是要把教育抓好，不能让孩子输在起跑线上。

2016年9月，习近平回到母校北京市八一学校。在操场上，他对正在训练的小球员说："50多年前我就在这个地方踢过球。那时候还是土场子。""看我现在身体这么好，都是小时候体育运动打下的基础。德智体美要全面发展，其中体育对陶冶性情、历练意志有重要作用。"

七年的知青生活让他懂得了什么叫实际，也使他与人民群众建立了血肉联系，树立了为民办实事的人生理想，逐步形成以人民为中心的发展思想，这是习近平新时代中国特色社会主义思想形成的实践根源。与此同时，他开始大量阅读政治、经济、哲学、历史、军事、文学等方面的书籍，特别是深入学习了《共产党宣言》《资本论》等马克思主义著作，逐步形成马克思主义的世界观、人生观和价值观，这是习近平新时代中国特色社会主义思想形成的理论根基。①

梁家河青年时期的七年，是习近平世界观形成的七年，是他认识中国社会的七年，也是他树雄心、立壮志的七年。他积极进

① 见农涛《习近平新闻思想形成的实践基础》，2018年8月10日《学习时报》。

取，学习、实践、创新，成为党员干部的楷模，成为每一个共产党员学习的榜样。亲身在梁家河走过、看过、学过，才能真正感受到梁家河不光是地图上一个简单的坐标点、生命中一段过去的岁月，更是党员干部宗旨意识扎根生长的地方。七年时光，总书记在梁家河这个小山村里“苦其心志、劳其筋骨、饿其体肤”，同时也扎根基层、汲取营养、蓄势待发，最终百炼成钢。可以说梁家河就是总书记“以人民为中心”发展思想的发源地。

“扣好人生第一粒扣子”是习近平总书记对新时代广大青少年和儿童的深切勉励和深情寄托。这句话既生动形象地用“扣扣子”来比喻青年学生和少年儿童理想信念教育的重要性和特殊性，充分体现了以习近平同志为核心的党中央对下一代的殷切期望。

“扣好人生第一粒扣子”科学论断的提出，是习近平总书记对历史现实和复杂形势的准确判断，对青少年成长需求和教育规律的准确把握。

我们的故事

交通民警郭俊成

笔者的战友郭俊成，是武汉市公安局洪山区交通大队一名普通交通民警，也是一个在党的十八大以后参加警察工作的“90”后。从参警的第一天起，他刻苦钻研公安交管业务，短短3年间查获近300台套牌车，其中查获走私车50余台，盗抢车10余台，协助侦办并抓获涉嫌交通肇事逃逸案件5起，被称为套假车牌识别的“人工电子眼”。他先后获得“武汉市公安局嘉奖”“洪山警星”“武汉市公安局洪山区公安分局岗位能手”等荣誉，成立我市首个以个人名义授牌的工作室——“郭俊成套牌车查缉训练室”，并在2018年5月被评为武汉市劳模。

他之所以能够成长为一名年轻的武汉市劳模，就在于他作为基层一线交警践行了习近平同志期望和激励的扣好“人生的第一粒扣子。”

1. 一部行走的套假车牌识别“人工电子眼”

“他平时是看到哪里有车，就会习惯性地拍摄车辆，研究车辆外观、车架号等。”郭俊成的同事王攀这样评价他。

2017年年初，郭俊成在百步亭走亲戚的时候，看到附近一台悬挂号牌为浙JNL×××的军绿色悍马越野车，车辆外观有异常，正在驾车的他立即靠边停车。下车查看该悍马越野车后，发现该车车辆号牌系伪造，车辆前挡风玻璃车架号系高仿。

为了进一步核实该车，郭俊成立即爬到车辆底部，查验印刻在车辆右侧大梁的车架号，并确认该车架号不是原厂印刻工艺。通过系统查询发现号牌为浙JNL×××的确实是一台军绿色悍马越野车，车辆登记照片和眼前的车基本一致，郭俊成立即与车主取得联系，车主告知其车一直在浙江台州使用，并未来过武汉。郭俊成立即要同行的家人把车辆盯住，自己打车回单位，喊上2名值班同志将套牌车辆查扣。

从2015年起，郭俊成就从事涉车类违法的打击工作，从车辆的牌证入手，深入研究盗抢、走私案件高发车型的车辆外观、配置、车架号印刻、车辆铭牌、车辆窗码，自主研发了一套“3+1”套假牌车查缉系统。2018年，“郭俊成套牌车查缉训练室”成立，这是武汉市首个以个人名义授牌的工作室。

郭俊成冒着高温检查套牌车辆(照片来源:长江日报)

2. 一天查获 5 台涉嫌走私宾利

2017 年 12 月初,郭俊成利用“车控网”系统,分析、研判同一时间出现在不同地点的车辆,智能系统提示:悬挂鄂 A00N××号牌和鄂 AQ08××号牌的黑色宾利轿车均涉嫌套牌,“当时我就觉得很蹊跷,怎么可能多台同车牌同款的车,同时出现在不同地点,肯定有问题。”

随后,郭俊成比对照片,侦查车辆行驶轨迹,发现鄂 A00N××号牌下居然有 3 辆同色同款的黑色宾利轿车在使用,鄂 AQ08××号牌则有 2 辆同色同款的黑色宾利轿车在使用。

郭俊成发现这个情况后,立即向市交管局涉牌涉证办案中心相关负责人汇报。该中心立即派出 5 组人,与郭俊成一道,同时出发,在江汉区福星惠誉福星城小区、硚口区广电兰亭荣荟小区、汉阳区宝安汉水琴台小区和北大资源首座、洪山区东湖庭园小区停车场内将 5 辆嫌疑车查扣,由于车主均不在现场,车辆被拖移至停车场。

经过调查,这 5 辆宾利车的型号为欧陆飞驰,平日里基本上都作为婚车使用,每辆车在网上的新车报价为 300 余万元。车牌号鄂 A00N××和鄂 AQ08××号牌的车主此前均遗失补办过车牌，有一名车主还曾多次补办。根据相关法规，使用伪造、变造的机动车号牌的人员将被处以5000元罚款，记12分，并处15日以下拘留。套牌车主受到相应处罚。

3. 套牌车遇交警强行加速逃离，当日归案

2018年5月7日上午，在洪山区南李路东方桥路段，一辆雪铁龙轿车涉嫌套牌被交警拦截，为躲避查处，该司机驾车冲破阻拦强行逃离。事情发生后，洪山交警立即对该案件开展调查，连续作战24小时，找出了该车辆。

7日上午，洪山大队套牌专班民警郭俊成、吴智鹏带一名辅警在辖区内例行巡查，9时许，巡查至南李路东方桥路段时，发现路边停放的一辆悬挂号牌为鄂A××××0的银灰色东风雪铁龙轿车车牌有套牌嫌疑，通过查询得知该号牌实际车辆为深灰色本田锋范轿车。

很快，民警走到了雪铁龙轿车车前。然而，令人意外的一幕发生了，雪铁龙轿车原本半开的车窗突然摇了上去。

“摇下车窗，出示驾驶证、行驶证。”民警不停地拍打着车窗发出指令，但驾驶人不为所动，向左一打方向猛踩油门，轿车发出“轰轰”的发动机响声，车辆瞬间冲破阻拦驶上了车道加速而去，所幸未造成人员受伤。洪山大队立即对该车展开调查、摸排、走访，并取得市交管局涉牌涉证办案中心的鼎力支持，经过连夜查阅数千卡口探头，民警终于在某路口处发现该雪铁龙轿车的行踪。通过视频追踪找到该车落脚点，洪山大队民警郭俊成等迅速出动，10时许，在南湖路某修理厂附近将涉案人车查获。

经调查，该车驾驶员朱某因驾驶证超分停止使用，其名下鄂A××××Q号东风雪铁龙轿车存在车辆逾期未年审、变造机动车号牌、无机动车保险等多项违法，惧怕被警察查获后扣留车辆及处罚，所以在警察对其进行检查时，强行驾车逃离，朱某的行为已构成阻碍人民警察依法执行职务，洪山大队依据治安处罚法相关规定对其作出行政拘留 5 日的处罚。

4. 为逃停车费套用已注销车牌

2018 年 6 月 21 日，武汉男子周某为“节省”上千元的停车费，将一副注销车牌贴在真车牌上，结果被武汉市洪山区交通大队查套牌专班民警郭俊成巡逻时识破，货车被依法暂扣，周某还将面临被记 12 分、罚款 5000 元等处罚。

6 月 21 日上午 11 时许，郭俊成在红旗欣居小区附近执勤巡逻时，发现一辆轻型货车悬挂的号牌有异样，走近细看，该车悬挂的“鄂 AP7E××”号牌后面竟还藏着一副“鄂 AP1×××”号牌。民警随即通过公安交管综合应用平台，对该车牌号信息进行查询比对，发现这辆车悬挂的“鄂 AP7E××”牌照已被注销多年，“鄂 AP1×××”才是该车真实车牌。民警当即把车扣留到大队停车场，并通知司机周某到大队接受处理。

“我有两个车牌号，都是在车管所办理的，都是真牌，不过鄂 AP7E××已经注销了。我知道车辆套牌是违法行为，但是想到每天从家里出来到工地不是很远，觉得不会被交警发现……”抱着侥幸心理的周某很是后悔。

经了解，周某是一名专职司机，在施工场内从事渣土转运，有两台颜色、品牌、型号一模一样的车辆，其中一辆因达到机动车报废年限已办理注销，现在悬挂的车牌就是注销车辆的。注销车牌曾办理过小区车辆停放服务登记，可以享受免费停车，为了逃避一年 1560 元的小区物业停车费，周某每天“不辞辛苦”，在进小区前将“假车牌”贴在真车牌上面，车辆出小区行驶一段路程后再将“假车牌”摘下来。

5. 查获驾照“移花接木”

2019 年 5 月 14 日，家住武汉经济开发区的程某到洪山区交通大队报案，称其 A2 驾驶证疑似被盗用并产生多条违章，已被记满12分，将面临降级和参加科目一学习考试，而自己对这些违章行为一无所知，并表示自己的驾驶证曾经丢失补办过一次。

民警立即查询程某所说的违法记录，发现其驾驶证自2019年4月22日起发生多起违章，违法行为主要集中在一辆鄂AM×××7的重型半挂牵引车上。“这不是我的车，我也从来没有开过这辆车。”得知查询结果，程某当场申辩道，并请求民警帮忙核查。

民警查询到该车辆最近一次违章记录是2019年5月10日在洪山区珞狮南路路段，随即通过系统调取交通违法相关照片和视频证据作细致对比，发现违法当事人的确不是程某，但使用的却是程某的驾驶证。在初步确定这是一起被他人盗用驾驶证扣分案件后，民警立即对车牌为鄂AM×××7的重型半挂牵引车辆展开调查。

5月17日中午14时，洪山区交通大队办案中心民警郭俊成、吴智鹏来到该车辆所属单位——位于青山区的武汉某物流有限公司，在企业负责人的配合下，民警在龚家岭一货场内将正忙着卸货的嫌疑人胡某抓获。胡某向民警出示了一本姓名为“程某”的驾驶证，并对其盗用他人驾驶证处理违章的违法行为供认不讳。

经查，今年48岁的胡某长期在汉务工。据胡某交代，自己的A2驾驶证在2013年因酒驾被交警扣留后一直未处理。2016年，胡某从汉阳某租赁公司租用一辆小轿车时，捡到一本A2驾驶证，驾驶证的主人正是程某。胡某发现，驾驶证照片上的程某眉宇之间竟与自己年轻时的模样有几分相似，想到以备今后不时之需，胡某将驾驶证留了下来。今年4月初，胡某经人介绍到武汉某物流有限公司开车拉货，为了应对交警的检查，胡某将捡来的驾驶证重新翻找出来，将证件上程某的照片抠下来换上了自己的照片。担心被失主程某发现，胡某使用这本驾照时格外小心，有罚款也自己缴纳。为了躲避交警检查，上路拉货大多选择夜间出行，但没想到还是露馅了。“我知道早晚有一天会被抓，但没想到这么快。”面对民警，胡某后悔莫及。

青年交通民警郭俊成，从踏入警营的第一天起，就迈出了人生旅途上坚实的第一步，“扣好人生的第一颗扣子”。

从基层做起

回顾中国几十年来减贫事业的历程，我有着深刻的切身体会。上个世纪60年代末，我还不到16岁，就从北京来到了陕北一个小村庄当农民，一干就是7年。那时，中国农村的贫困状况给我留下了刻骨铭心的记忆。我当时和村民们辛苦劳作，目的就是要让生活能够好一些，但这在当年几乎比登天还难。

——2015年10月16日，国家主席习近平在北京人民大会堂出席2015减贫与发展高层论坛并发表主旨演讲。

不了解农村，不了解贫困地区，不了解农民尤其是贫困农民，就不会真正了解中国，就不能真正懂得中国，更不可能治理好中国。各级领导干部一定要多到农村去，多到贫困地区去，了解真实情况，带着深厚感情做好扶贫开发工作，把扶贫开发工作抓紧抓紧再抓紧、做实做实再做实，真正使贫困地区群众不断得到真实惠。

——2014年3月7日，习近平在参加十二届全国人大二次会议贵州代表团审议时的讲话。

城市娃过"五关"

从北京出发的火车，风尘仆仆一路向西，抵达了陕西铜川，习近平和伙伴们接着转乘卡车向延安进发，到达延安后在延安师范学院住了一夜。1969年1月16日早晨，一行人再从延安出发，穿越黄土高原上的千山万壑，途经延川县城到达文安驿公社(文安驿公社就是现在的文安驿镇)。在那里，各村来接知青的贫下中农为他们开了一个简短的欢迎会，并用陕北人民最好的饭菜——洋芋、胡萝卜、粉条和猪肉，招待他们吃了一顿饭，这意味着习近平他们已经到达了插队的目的地，并与这里的天地，与这里的信天游融为了一体。最后有15名北京知青被分配到梁家河大队后队。

梁家河大队位于文安驿公社东南方向5公里处，多年以前，这里本是一个籍籍无名的村落，"贫穷"与"落后"是它的代名词。虽说在公社的所在地，梁家河大队属于自然条件相对较好的那种村子，但当时村里一不通公路，二不通电，人们过着"日出而作，日落而息"的生活。是一帮北京知青的到来打破了梁家河原有的那份静谧。连同习近平，被分到梁家河大队后队的共六人，还有雷平生、王燕生、杨京生、佟达宁和戴明。从那时起，习近平在这里度过了7年岁月。

习近平和雷平生是北京市八一学校同校学生，作为"可以教育好的子女"被分在一块，开始了他们艰苦的农村生活。习近平后来将这种艰苦的农村生活总结为：考验他们这些城市学生的是“过五关”，分别是跳蚤关、饮食关、生活关、劳动关、思想关。

一曰跳蚤关：刚到生产大队的那几天，几名知青身上莫名其妙地起了又红又大的肿包，奇痒无比。后来慢慢知道是跳蚤咬的。习近平身上的包又红又大，再加上挠破的血和感染的脓渗出，看上去很是吓人。要尽快熬过跳蚤关，首先是尽量保持洞里洞外的卫生，将窑洞地面浮土打扫干净，减少跳蚤出现的可能。另外就是在进入窑洞或上炕前抖动裤筒，把跳到身上的零星跳蚤给抖掉。在窑洞里停留时尽量离开地面，减少地面上跳蚤跳到裤腿上的机会。于是，经常出现习近平、雷平生挽起裤筒蹲在各自凳子上聊天的滑稽情景。这种情况持续了一年多，直到搬到大队为知青修造的新窑洞后，周围猪狗等牲畜较少出现，跳蚤才少了，而知青的适应能力也提高了。

二曰饮食关：供应给知青的粮食主要是粗粮，有麦子、高粱、玉米和小麦。知青开始不会粗粮细作，没有油水，蔬菜很少。当时仅十五六岁的青少年，正是长身体的时候，每天吃野菜团子、黑米糊糊、玉米糁子这些非常粗糙且难以下咽的食物，导致他们经常吃不饱肚子。晚上睡觉的时候，几个人躺在炕上聊吃的，越聊越饿。

正月十五过完了，整个村子里大部分人都走了，梁家河就剩下一些老弱病残。当时知青们还奇怪，人都哪里去了？问了才知道，大部分人都出去要饭了，从延川到铜川、西安，沿路乞讨。

下乡第一年，知青有国家的补助粮，每月 44 斤原粮，其中有玉米、小米、高粱、麦子，领回来，自己在碾石上碾碎。住的窑洞前面有个碾子，知青用毛驴或骡子拉碾子加工粮食，赶不好毛驴、拉不好磨，光加工就耗费了很多时间。然后再自己做饭。知青把玉米磨成玉米糁子煮着吃，有时柴烧光了，玉米糁子还没熟。在这种情况下就得吃夹生的，没有可以下咽的菜，大家硬着头皮找老乡要。陕北很缺菜，老乡也很困难，有时候只能给一小碗，习近平他们六个人一人分一点，就着半生不熟的玉米糁子吃，勉强把肚子糊弄饱。

玉米糁子经常煮不熟，是因为柴火不够烧。打柴对于知青来说是一个难题。延川县就出现过知青上山砍柴被摔断骨头的事情。陕北黄土高山上本来就植被稀疏，农民年复一年地砍柴，近处的、好砍的柴都被扫荡一空了。好一点的柴火都在远处和危险的地方生长着，有些长在崖壁上，有些长在深沟里，要打柴火，知青就要带上绳子、镢头上山去，忙上半天，才够做一次饭用的。

1974年春节，还发生了“吃生肉”的故事。春节时大队给社员和知青每人分了一点猪肉。可能都有几个月不吃肉的经历，见到了肉以后，习近平和知青们切下来就忍不住往嘴里喂，把生肉都给吃了。经过这么一个过程，就是饮食关。

三曰生活关：开始什么也不会做，什么都依靠别人，后来慢慢什么都会了，学会了捻毛线，但是织袜子一直没织好，这是一个细活；缝衣服、缝被子这些活都是自己做，所有这一套生活上的事情都要会自己料理，这段经历让习近平他们受益无穷。

四曰劳动关：刚到生产大队时，一是不适应强度较高的劳动，尚未养成劳动习惯；二是一开始评工分，一个壮劳力一天工分是10分，按照1968年的标准十个工分值一角一分。知青劳动一天只挣5.2工分，只值5角7分。知青劳动一年的工分是1200分，可以保证全年钱粮，也就只值十三四元钱。

第一年跟着老乡干活，刮风下雨知青也没休息，都在窑洞里、牲口圈里铡草，然后一样一样地学。一年过去以后农活全掌握了，体力也上来了，后来就评成10分，10分还是里边最壮的劳动力。到夏天担麦子，那就是50余公斤，2.5公里山路一口气走下来，一趟得走一个多小时。

开春时，6点多钟，天还没亮，村里就喊“上山去喽”，知青就开始跟着农民整地、送肥。挑水都挑不稳的知青到了农忙的时候就得往山上挑粪，这是又累又脏的活，挑粪的筐比较浅，里面装着沤好的农家肥，知青挑着粪上山，不但路远，还要走那种“之”字形的羊肠小道，山路又窄又陡，所以劳动强度非常大。

夏收的时候，知青到山上去收麦子。麦地离村子大约2.5公里路，并且是在山上较高的地方，麦子割好以后都是一捆一捆的码着放，往回挑的时候扁担一头挑一捆。挑麦子更累，一是因为距离远，路不好走；二是因为无论多远中间都不能休息，因为一旦把挑子放下，一捆麦子在地下一蹾，麦子就会散落。当时亩产量不到50公斤，如果在往回挑的途中掉麦穗，损失非常大。所以挑麦子只能换肩，不能把扁担卸下来休息。2.5公里山路，挑着麦子，经常要走一小时，实在是不容易。

习近平当时是知青里年纪最小的一个，这些农活对他来说真是难上加难。他最初和其他知青一样，干农活很不熟练，但他打心底不服输，吃了很多苦之后，他干活也就熟练了。

五曰思想关：开始难以融入啊。习近平刚到的时候，看到住的这个窑洞在半山上，星星点点的煤油灯，很不习惯。但是后来慢慢地习惯，在这样的环境中一住就是七年。

2004年，习近平对延安电视台的记者刘炜回忆说：“对于当地老百姓，是由一开始的怕他们上炕，到请他们跟我一起睡觉，我这个窑洞里有四五个小伙子陪着我，晚上不仅是他们，村里的其他人，都是陆续地吃完饭以后进了我的窑洞，来串门，来听我讲古今，因为我的故事多啊，问我这个问我那个，北京什么样子，知道还有国外，美国是怎么回事，很好奇。你们都吃些什么，在北京吃什么，什么最好吃，你们都还见过什么稀罕事，《三国演义》《水浒传》《红楼梦》是怎么回事。后来我就给他们讲了，讲《三国演义》《水浒传》《红楼梦》，没多长时间，跟大家都成为了好朋友。”

苦难是一笔财富

人生的道路中往往会遇到种种的困难。有的人选择了绕道而行，而有的人却选择去面对困难、去克服困难。后者虽然很难做，可它比前者收获却多得多。

习近平同志初到梁家河过“五关”的故事，是笔者2013年夏天偶然读到习近平同志写的一篇散文后才知道的。

这篇《我是黄土地的儿子》的五千字散文，用质朴的语言、亲身的经历，讲述了陕北黄土高原艰苦农村的生活点滴，让笔者回忆起40多年前、70年代孩童时期在农村干农活的经历，回忆起在老家那些插队的知青大哥大姐帮助我的经历。

1966年2月，我出生在长江支流通顺河边的湖北省武汉市汉阳县(现蔡甸区)农村。1972年我6岁，开始在家乡汉阳县洪河学校读小学。小学二年级的时候，学校分配给每个学生一块旱地，有二十来米长、两米宽，两边种上玉米，中间套种黄豆。一个7岁的孩子开始平整、松土、下种、拔草、间苗，每天早上挑着与自己个头差不多高的筐子，到生产队的牛棚边去拾牛粪。在那个“农业学大寨”的年月，每到寒暑假，我们都要回到生产队参加劳动，早上5点钟天不亮，眼睛半睁半闭的时候，每人背一个化肥袋子到棉花田里，从扎着杨树枝的小捆儿里找出藏在里面产虫卵的飞蛾。回家吃完早饭，又匆匆到棉花地里，用竹片做的小夹子夹出棉桃里的绿色小虫子并装进瓶子里，中午时分再从瓶里拿出虫子由生产队长点数，按虫子的多少计入工分。夏天，江汉平原的玉米地一望无涯，一双小手拉着白色的化肥袋在田里掰玉米棒，装满袋子后差不多有五六十斤，一个7岁大的孩子背不动，只能在地里拖，拉到田头后再过沟坎，最后搬到公路上等拖拉机转运。我们农村小孩做着大人一样农活，在这个时候，有十几个从武汉等大城市的“老三届”插队知青也同我们回乡学生一起做农活。那时虽苦犹乐，有两件最惬意的事儿：一是从密不透风的玉米地里吃力地拖出一袋玉米棒到公路旁，等候拖拉机的间隙在杨柳树下吹风；一是听知青大哥黄劳动等人讲抓特务破案的故事。每天亲身经历的事就是点墨水瓶做的煤油灯记工分、放牛、拾牛粪，亲身接触过公社干部挨家“吃派饭”交一斤粮票和一角钱，目睹知青大哥讲故事和演唱样板戏的场景。和知青大哥一起生活劳动的情景恍如昨日。记得小学二年级我第一批加入少先队的时候，入队申请书上的几个错别字还是住隔壁的知青大哥黄益民给我修改的呢。

高中毕业报考大学时，我义无反顾地选择了警察职业，在那个包分配的年代，知青大哥给我讲的侦查破案故事让我在潜意识里牢记自己这辈子要做一个好人并同坏人作斗争。

读了这篇《我是黄土地的儿子》后，笔者又找来散文《忆大山》，并将这些文章复印推荐给周围的人传看。但从那些漫不经心的眼神中，我慢慢明白了：一个没有在农村干过农活、吃过苦的人，特别是出生在城市里的70后、80后，他们没有农村苦、农民苦的经历，无论如何不会理解笔者的心情。这是不该忘记的历史啊！从那时起我开始收集习近平同志曾经发表的文章和与他成长相关的书籍，研究他的成长经历，特别关注他在农村生活时期的作品。从2013年至今，已经收集了三十多本书，几十种报刊、杂志，共约1000多万字。2015年，关注《人民日报·海外版》“学习小组”微信公众号后，笔者还买来一个大容量的U盘，建了几个文件夹，分别收集习近平接受采访的视频、音频和文章，并记录下个人的学习体会，前后写了 7 本读书笔记。学习和研究习近平的过程中，笔者每年向报刊投稿，交流学习体会。其中，《一名武汉交警与习近平俞正声的故事》发表在 2015 年《武汉宣传》杂志第七期上；《家风传家、家教济世——〈难忘的 20 年——在习仲勋身边的日子〉读后》发表在 2017 年第四期《湖北警察》杂志上；《与人民同甘共苦——〈习近平在正定〉读后》发表在 2019 年 4 月 26 日《长江日报》第五版上；《蹬着自行车走遍全县 222 个村的县委书记——〈习近平在正定〉读后》发表在 2019 年第 6 期《新阅读》杂志上。

《孟子·告子下》有云：故天将降大任于斯人也，必先苦其心志，劳其筋骨，饿其体肤，空乏其身，行弗乱其所为，所以动心忍性，曾益其所不能。

人生既有灿烂的阳光，也会有凄冷的风雨，关键在于你是否有勇气面对。苦难有非凡的意义，生命有崛起的尊严。面对厄运，海伦·凯勒战胜了心灵的漫漫长夜，贝多芬奏响了铿锵的命运交响曲，霍金撩开了时间黑洞背后的科学奥妙。这一切都源自他们拥有积极向上的生活态度和通达乐观的健康人格。笑对苦难，是司马迁包羞忍辱发愤著书的坚毅；笑对苦难，是苏东坡无惧风雨登高舒啸的放达；笑对苦难，是徐霞客壮游天下书写人生的不羁。穿过岁月的风尘，无数先贤面对苦难时所展现的自信豁达、坚毅智慧，全都化作岁月长河中晶莹的一滴，在历史的天空中熠熠生辉。

困难与折磨对于人来说，是一把打向坯料的锤，打掉的应是脆弱的铁屑，锻成的将是锋利的钢刀。苦难是一笔财富，它会锤炼人的意志，使人获得生活的真谛。中国有句成语说：苦尽甘来。另一句又说：吃得苦中苦，方为人上人。这些都是鼓励人要经受住苦难的考验，在面对苦难的时候要忍耐，要有希望，只有保持这样一种心态，才会走向人生的辉煌。

草根经验作用大

作为武汉市公安局东湖新技术开发区茅店派出所一名社区民警，笔者的战友张文昌所负责的当代国际花园社区，是东湖新技术开发区大型商住小区之一。如何服务管理好 4 万居民的辖区？张文昌讲起自己的发明创新的起因时表示，那正是源于每天同居民群众打交道，源于群众的需求和期盼，源于“替群众着急”，这让基层同行听后饶有兴趣。

张文昌向社区居民介绍“微警务”APP 的各项功能。1 名社区民警怎样才能服务管理好有 4 万名居民的辖区？两年前，张文昌找到辖区一家科技企业，开发了一款“微警务”APP，探索“第二代信息化社区警务”的开发利用（照片来源：中国警察网）

“五加二、白加黑也不能满足我所在辖区4万居民的要求，怎么办?”武汉市社区民警张文昌的故事让人耳目一新。从2015年3月起，他白天带着研发人员到辖区调研，晚上一起写方案。大家经常会干到凌晨四五点钟，直至累趴在会议桌上睡着，8点钟闹钟一响又坐起来攻关克难。经过整整8个月奋战，“微警务”APP终于投入运行。2017年1月，拥有6800多名固定用户的“微警务”APP代表湖北省获得全国公安改革创新大赛的金奖!

“人多、面积大，要是在过去，民警即便跑断腿，也不一定能及时摸清情况、服务到位。”自从有了“微警务”APP，张文昌随时点击手机，几栋几单元几号房、家里几口人、有没有养宠物等信息就能全部显示。此外，“微警务”APP还拥有“微会议”等功能，不受时空限制，民警可发起多人视频会议，传达精神、搜集情报、部署工作。而社区工作人员和居民也很乐意用“微警务”APP。因为“不用为同一个事儿三番五次跑腿找民警，一张图片、一段语音、一个小视频就能解决问题。”

2015年8月21日，当代国际花园社区后门出现一名占道卖哈密瓜的人。居民与其理论，对方不仅不听，反而态度蛮横。见劝说无效，有居民用“微警务”APP的“一键通”报警功能，将哈密瓜经营户拍下、上传，并语音报警。张文昌随即实地核查，并登记哈密瓜经营户有关信息。经上级公安机关核查，该哈密瓜经营户有违法嫌疑，警方迅速将其控制。

“相比传统的打电话报警，‘微警务’APP的‘一键通’报警功能能提供多维度信息，让群众提供的信息相对更准确、有效。”张文昌说。

张文昌的首创还不止这些。此前，为了方便社区居民办理领取居民身份证，他大胆改革创新，反复试验，发明了自助取证机。张文昌目睹辖区居民办证取证排队耗时费力，心里十分着急。为加快居民办证取证效率，他开动脑筋，想在社区设置一个自助取证机。把想法告诉做 IT 的朋友后，对方的几个疑问却给他泼了冷水：证件存放在小区里丢失了怎么办？公民隐私泄露怎么办？开发软件，需要至少 5 万元启动资金，钱从哪里来？

“我的想法很简单，只要是便民惠民的事情，就大胆去做！只要是老百姓受益的事情，上级部门就一定会支持！”张文昌说。果然，2015 年，他参与研发的国内第一台居住证自助领取机落地，还获得了国家专利。如今，身份证自助领取机、居住证自助领取机、出入境自助签注机、交通违章自助处理机在社区依次排开，为群众提供了高效、优质的服务。

张文昌的创新创造精神赢得了领导和群众的赞誉，他也先后获得了“武汉警星”“武汉市劳动模范”“湖北省最佳社区民警”“全国优秀人民警察”等荣誉。

武汉警察勇于创新的故事远不止张文昌一个。2016 年 5 月 3 日，57 岁的武汉市公安局洪山分局社区民警陈跃利当了一回“明星”：他发明的“微信定位法和一分钟信息采集法”，一举夺得全省公安科技信息技术创新大赛二等奖。

陈跃利的辖区在武汉市洪山区六合村，这里房屋依山而建，门牌排列混乱，管理难度很大。一次，偶然看到女儿用微信给车定位，老陈灵机一闪，决定用微信来核实每栋房屋的具体位置。陈跃利不仅摸清了辖区“城中村”所有房屋的位置，还找出了 54 栋漏登的“隐藏房”，使辖区房屋标注准确率达 100%。

为了提高入户采集人口信息的效率，老陈设计出电子版《入户信息采集表》，只需在手机移动办公软件中照相、录入，再传送到电脑即可。以往 20 分钟才能完成的入户采集工作，现在只需 1 分钟。“一分钟信息采集法”仅在洪山区推广，就为公安机关节约了数十万元。

“不懂信息化的领导将丧失指挥权，不懂信息化的民警工作寸步难行。”这句话在每个洪山分局民警心中扎下了根。洪山分局专设 100 万元奖励基金，重奖小工具、小发明的开发人员，源自基层的“草根经验”层出不穷。

安贫乐道 安之若素

人生之路，有坦途也有陡坡，有平川也有险滩，有直道也有弯路。青年面临的选择很多，关键是要以正确的世界观、人生观、价值观来指导自己的选择。

无数人生成功的事实表明，青年时代，选择吃苦也就选择了收获，选择奉献也就选择了高尚。青年时期多经历一点摔打、挫折、考验，有利于走好一生的路。要历练宠辱不惊的心理素质，坚定百折不挠的进取意志，保持乐观向上的精神状态，变挫折为动力，用从挫折中吸取的教训启迪人生，使人生获得升华和超越。

——2013 年 5 月 4 日，习近平在同各界优秀青年代表座谈时的讲话。

要关心爱护基层一线扶贫干部，让有为者有位、吃苦者吃香、流汗流血牺牲者流芳，激励他们为打好脱贫攻坚战努力工作。

——2018 年 2 月 12 日，习近平在打好精准脱贫攻坚战座谈会上的讲话。

老三届知青中的"三个最"

1968 年 12 月 22 日,《人民日报》刊发了甘肃省会宁县一些城镇居民和知识青年到农村安家落户的消息,同时传达了毛泽东主席一条最新指示:"知识青年到农村去,接受贫下中农再教育,很有必要。要说服城里干部和其他人,把自己初中、高中、大学毕业的子女,送到乡下去,来一个动员。"

1966 年、1967 年、1968 年毕业的三届城镇初、高中生约 400 万,历史上称为"老三届"。习近平当年就是这 400 万"老三届"中的一员。如果把他 7 年的知青岁月放到全国知青上山下乡的大背景中观察,他创造了知青中的"三个最"——最小、最苦、最长。他是"老三届"中年龄最小的知青,他插队的陕北是全国插队地方中条件最艰苦的地方之一,他是插队知青中在农村呆的时间最长的少数人之一。

1966 年、1967 年、1968 年毕业的初中高中毕业生,在 1968 年底上山下乡的时候,年龄最大的老高三就是高中 66 届学生,一般是二十一、二岁,年龄最小的老初一就是初中 68 届学生一般都是十六七岁。习近平当时属于老初一学生,上山下乡时只有 15 岁多,在 400 万当年"老三届"的知青中,年龄无疑是最小的。他一起插队的 2.6 万多人,到了陕西省延安地区。他所在的延川县梁家河大队地处黄土高原,属于全国插队知青所处自然环境和生存条件最苦的地方之一。那里山大沟深,交通落后,土地贫瘠，降雨很少。那里没有电，没有任何农业机械，劳动用的还是过去世世代代传下来的老镢头，老百姓吃水烧柴照明都有很多困难，农民干一天一个工（10 工分）值 1 角 1 分钱。面朝黄土背朝天，辛辛苦苦一年打下的粮食，还填不饱肚子。习近平在农村插队时间还是最长的一个，一呆就是 7 年，属于全国知青插队时间最长的极少数人之一。1969 年冬天，有知青应征入伍当兵，广大知青对未来看到了希望。1970 年、1971 年、1972 年以后，通过应征入伍、招入工厂、推荐上大学等多种方式走出农村的人越来越多。到 1972 年底，知青们基本上都离开了下乡的农村。有资料显示，1969 年到延安插队的北京老三届知青共 26601 人，1971 年开始国家在知青中招干、招工、招生、征兵，到 1975 年末，整个延安地区，仍然呆在农村的北京知青只有 991 人，占 26601 人的 3.7%；而且在留下的 991 人中，不少知青是因为已经同当地农民结婚而留下的。习近平 1975 年 10 月才被推荐录取上清华大学，是梁家河大队插队知青中走得最晚的，也是延川县乃至整个延安地区，北京知青中离开最晚的极少数人之一。别人陆陆续续地一个一个都走了，昔日热闹的知青宿舍变成了冰房冷灶，一下子空落落的，那个心情的确是挺复杂、挺焦虑的。习近平总书记当年不急不躁，不慌不忙，仍然干该干的活，读该读的书，仍然是执着地一如既往地申请入党，不仅入党，还当了大队党支部书记，这种从容，这种坚韧，这种认识，云卷云舒、花开花落的淡定，让周围的人由衷感到敬佩。

他后来回忆这些经历时这样说："7 年上山下乡的艰苦生活对我锻炼最大，后来遇到什么困难，就想起那个时候，在那样的困难条件下还可以干事，现在干嘛不干？你再难，都没有难到那个程度。"①

"在遇到困难时想到这些，就会感到没有我解决不了的问题。"

① 见《习近平的七年知青岁月》，中共中央党校出版社，2017 年第 1 版，第 442 页。

"在与农民群众的朝夕相处中，我们实实在在体验到了稼穑之苦和衣食之难。读懂了诗中'谁知盘中餐，粒粒皆辛苦'的内涵。"

他说：陕北7年最大的收获，就是懂得了什么叫实际，什么叫实事求是，什么叫群众，这是让人获益终生的东西。[①]

学习与思考

安贫乐道是一种人生境界

安贫乐道指安于贫穷的境遇，乐于奉行自己信仰的道德准则。《论语·雍也》中有文："子曰：'贤哉，回也！一箪食，一瓢饮，在陋巷，人不堪其忧，回也不改其乐。'"孔子经常教育其他学生说：颜回的生活条件极其艰苦，他居住在破旧的房屋里，每天都吃不饱穿不暖，但是他一点都不在乎，还是一心读圣贤之书，这样的苦难要是落到别人身上，一定承受不了，颜回却始终感到满足、快乐，他确实是一个十分贤德的人啊！

作家梭罗说过：我们只有站在安贫乐道的立场上，才能够无私地或者明智地去观察人类的生活。苦与乐，公平地赋予我们每一人。我们每个人从呱呱坠地时，就开始了苦乐交织的人生，没有人无端地寻求艰苦，也没有人真正地厌恶欢乐。面对贫穷困厄，不同的人会有不同的态度。小人向往富贵可以不择手段，一旦困苦就会惶恐不可终日，拼命想要摆脱。而真正的君子就不会觉得有什么，安然于贫困，把苦难当磨练，安贫乐道，自由自在。

从感悟习近平的青年时代中走出来，笔者又读到几位参加

① 见《习近平的七年知青岁月》，中共中央党校出版社，2017年第1版，第401页。

过长征的红军老战士长征艰苦岁月的回忆录，读到习近平对长征和长征精神的系统论述。笔者对青年习近平在陕北梁家河的日子有了更深的理解和认识，那就是长征的精神已深入他的骨髓，与他的肉体和信念融为一体。在七年知青的4700多天里，他何尝不是在革命圣地延安、在黄土高原带领老区人民开启一个勇于奉献、同甘共苦、挑战贫困、砥砺前行的新的长征呢？

2016年10月，习近平总书记在纪念红军长征胜利80周年大会上对长征和长征精神进行了系统论述。他深刻指出，长征是一次理想信念的伟大远征，是一次检验真理的伟大远征，是一次唤醒民众的伟大远征，是一次开创新局面的伟大远征。在风雨如磐的长征路上，崇高的理想、坚定的信念、激励和指引着红军一路向前。在红一方面军二万五千里的征途上，平均每300米就有一名红军牺牲。长征这条红飘带，是无数红军的鲜血染成的。艰难可以摧残人的肉体，死亡可以夺走人的生命，但没有任何力量能够动摇中国共产党人的理想信念。

“苦不苦，想想长征二万五。”这绝非戏谑之语，而是一语道出了长征这一壮举留给历史、留给后人最醒目、最易生发感慨的印记，那便是一个“苦”字。

沿着长征路，红军官兵遭遇的苦难不计其数，难以名状。敌人一重又一重的围困、一轮又一轮的追堵，所带来的一场又一场紧张而惨烈的战斗，让红军官兵承受了严酷的生死考验。

红军用双脚翻越了那一座座陡峭险峻的高山，跨越了那一条条激流汹涌的江河，其中之难、之险、之苦可想而知。而在饥寒交迫中爬雪山、过草地、啃树皮、嚼菜根，红军更是经历了艰苦卓绝的考验，留下了一个个感天动地的故事。

聂荣臻元帅回忆这段历史时曾沉痛地写道：“环境的确是艰苦的，我们的许多同志在作战中那样英勇没有牺牲，却在缺粮少药，饥饿、寒冷、疾病、高原缺氧的艰苦旅程中痛苦地倒下了。”

《余秋里回忆录》记载：“长征中某日，我们红二方面军与红三十二军相遇同行。红三十二军军长罗炳辉不知用什么方法捉到几只田鼠，请我吃了一顿田鼠肉。在我的印象里，那是最好吃的一顿美味佳肴了。在当时的情况下，饥饿死亡，时刻在威胁着每一个人。为了活下去，凡是能吃的东西都吃了。有一次，战士找到一面破鼓，把鼓面割下来用水煮着吃，又硬、又苦、又涩，真是难以下咽。”

过草地是红军长征中人与自然斗争最严峻、牺牲最大，同时也是决定红军长征成败的一段艰难征程。

1936 年 8 月，红三军团（后改为红三军）十一团在团长邓国清、政委王平的率领下，由黑水芦花进到毛儿盖附近后，准备过草地。这一段草地长五百余里，宽三百余里，而且高原寒冷，空气稀薄，气候多变，忽儿狂风大作，忽儿风雨交加，忽儿冰雹骤降，还有无数的深水泥潭，人畜陷进去，几分钟就被泥潭吞噬。

在七天的草地艰难生活中，红十一团遇到了许许多多巨大困难。没有吃的，就找老鼠洞，挖出老鼠熬汤解解馋，或寻香菇、找野菜等。虽然皮带或皮鞋的数量极少，但都要把它们煮熟吃光。途中遇有前面部队死马的骨头，就啃着血淋淋的骨头充饥。遇有前面部队人员或马匹拉下的粪便中还未消化的麦粒，也顾不得洗干净，就拣起来往嘴里塞。虽然采用各种办法来解决饥饿问题，但仍有许多掉队人员未能走出草地。

一位战士在回忆过草地后没有食物的窘境时说：“过了大草地，什么吃的也没有，结果把一个村子的老鼠都吃光了，真有点对不起猫了”。这名战士，俏皮地描绘出面对苦难时的乐观精神和幽默情趣。

红军过完草地到达哈达铺休整，终于可以好好吃一顿饱饭了。哈达铺是一个粮食和其他农作物还算充足一点的地方，当地百姓送锅盔给红军吃。锅盔是干的，一喝水就在肚子里撑起来了，红军战士经过这么长时间没有吃的没有喝的，因饥饿过度导致不少人一下子吃多了给噎着了。

我们的党，我们的红军为什么甘愿吃这人间的大苦、受这人间的大难？因为他们所吃的苦，所受的难，连着人生信仰，连着精神根基；因为他们所吃的苦，所受的难，连着万千百姓，连着中华民族。

苦，是红军官兵在漫漫征途中品尝最多的一种滋味。但是，铁心跟党走的红军官兵，却始终不怕苦、不惧难，表现出大无畏的革命英雄主义情怀和百折不挠、昂扬向上的革命斗志。

我们的故事

交通民警周洪彪

2019 年武汉市中小学春季开学的第一天，阴雨连绵，给交通出行带来了诸多不便。已在路面排堵保畅 25 年的洪山交警周洪彪比往常起得更早，他 6 点多便起床奔赴南湖中队。他深知：雨越大，下得越久，城市交通压力越大。当天，《楚天都市报》记者贴身采访这位“老黄牛”，见证他雨中奔波忙碌的一天。

1. 小学门口“警校家”联动 打通上学最后 100 米

清晨 7 时许，下着小雨，在洪山区第一小学书城路分校门前文秀街路段，送学生的车辆越来越多。洪山区交通大队南湖中队民警周洪彪挥舞着手臂，引导车辆快速通过。

在周洪彪身边，一群“黄马甲”格外醒目。每当送学生的车辆到达校门前时，“黄马甲”立即撑伞上前打开车门，牵着孩子下车并护送进校，私家车则迅速驶离。“爸爸，你陪陪我！”一名小女孩下车后突然哭了起来，周洪彪赶紧上前，安抚小女孩情绪，牵着她走进校园。一辆私家车从停稳到驶离，全程仅5秒左右。

洪山区第一小学书城路分校领导介绍，每天上学、放学时段，都会有2名学校人员、5名家长志愿者协助交警维护校园周边交通秩序。文秀街仅两股道，在该校斜对面有数家企业和武汉理工大学升升学生公寓、洪山区政务中心。每到上下学高峰，大量接送学生的私家车扎堆，原本并不宽敞的文秀街异常拥挤、混乱。为此，学校、家长、交警联合办公，成立"警校家"护安保畅队，守护孩子出入校的"最后100米"，私家车实现即停即走。上午8时30分，学生全部到校，周洪彪招呼家长志愿者："你们辛苦啦，可以回家了！"家长们笑道："我请假来的，得赶紧上班去！"

2. 拆除护栏排堵保畅 意外溅了一身泥水

上午8时50分，淅淅沥沥的小雨下个不停。刚刚结束护学岗工作，周洪彪随身携带的电台传来指挥中心指令："野芷湖大桥往壕沟路口方向发生两车追尾，野芷湖大桥沿线行车缓慢，请附近人员立即前往处置。"周洪彪立即上车出发。

现场，两辆小轿车开着双闪灯，一前一后停在下桥行车道上，后方车辆纷纷改道避让，使原本就在施工的道路更加拥堵。周洪彪迅速下车查看现场并拍照取证，对事故定责："追尾擦碰，后车全责。先把车挪到旁边，不要堵在路上。"两名车主将车移至路边不影响交通的安全区域。"我看到旁边有车坏了，就瞅了一眼，结果一回头，离前车太近，踩了刹车还是撞上去了。"后车驾驶员介绍。

处置完交通事故，周洪彪来到对向车道。市政部门正在对该路段进行为期3个月的维护翻新。由于道路施工，只有两股车道可以通行。洪山南湖地区目前大约有轿车20万辆，小区多、人多车多、学校多、出口少，交通压力较大。为了缓解出行压力，大队临时对该路段驶入主路、辅路的进出口进行调整，将驶出和驶入的路口分离，缓解交通压力，确保行车安全。就在民警拆除路边围栏时，一辆上野芷湖大桥的小轿车疾驰而过，将路面坑洼里的积水带起一道水浪，“哗啦”一下，将站在路边的民警从头到脚溅了一身泥水，衣服和裤子上留下了斑驳的污渍。等大家回过神来，车辆早已扬长而去。“路面交警就是这样，要‘吃’得了尾气尘土，还经常得接受这样意想不到的‘滋润’！”周洪彪无奈地笑道。

3. 套牌卡宴现身别墅 严格执法现场拖走

“在保利中央公馆别墅区发现套牌卡宴，请立即赶到！”上午11时许，电台传来紧急呼叫，周洪彪迅速赶到小区，武汉市交管局涉牌涉证中心民警也在现场。

眼前是一辆银灰色卡宴汽车，车牌号为鄂A9×××9。周洪彪仔细检查了车牌号，发现汉字、数字均有异常。“是假牌！”他肯定地说。随后，他又拍下了位于前挡风玻璃左下方的车架号，传给大队核查。他解释道：“车架号就好比人的身份证号，每辆车都是唯一的。”很快，后方核查回复，该车架号也是伪造的。

涉牌涉证中心民警介绍，他们追踪了这辆车约1周，在汉口有一辆白色卡宴汽车，和这辆灰色卡宴汽车车牌号一模一样，然而，车控网显示两车同一车牌竟同时出现在不同地点，经核查灰色卡宴汽车系套牌，且有可能是走私车辆。就在民警拖车时，一男子走出别墅表示，这辆车是客户抵给他的，由于对方欠债，便抵押了这辆汽车。周洪彪提醒该男子，警方依法暂扣车辆，请车主尽快到洪山区交通大队接受处理。

将车拖至大队停车场，已是午饭时间，周洪彪来到食堂。25年的路面执勤，他兢兢业业毫无怨言。“城市道路顺畅了，我们的心情自然就顺畅了！”周洪彪笑着说。

04

担当奉献篇

吃苦在前　塑造高尚品格

我的工作是为人民服务，很累，但很愉快。

——2019年4月，国家主席习近平给美国伊利诺伊州北奈尔斯高中学生回信里这样说。

成功的背后，永远是艰辛努力。青年要把艰苦环境作为磨练自己的机遇，把小事当作大事干，一步一个脚印往前走。滴水可以穿石。只要坚韧不拔、百折不挠，成功就一定在前方等你。

——2014年5月4日，习近平在北京大学师生座谈会上的讲话。

领导干部特别是高级干部必须从知行合一的角度审视自己、要求自己、检查自己……职位越高越要自觉按照党提出的标准严格要求自己，越要以坚强党性和高尚品格，为全党带好头、作表率。

——2019年1月11日，习近平在十九届中央纪委三次全会上对各级领导干部提出明确要求。

光着脚站在冰上干活

艰难困苦，玉汝于成。

陕北地区干旱少雨，地面上的水浇田地，一般产量都比较高，打的粮食也比较好。但是能用于灌溉的地面水源很少，要保证社员的口粮，提高粮食产量，必须有持续不断的水源。怎样才能找到水源呢？习近平当上支书后，调查发现，梁家河前队的某个位置过去有个泉眼，曾经往外渗水，但是多年过去了，泉眼已经藏在很深的泥土底下了。1974 年初春，陕北天气严寒，地面上还结着厚厚的冰，习近平反复实地勘察，发现了以前定位的标识，确定了泉眼具体方位。就组织并带着基建队去挖这口井。[①] 当时习近平带着社员梁玉明、武玉华，知青雷平生，每天都战斗在打井第一线。往下挖，越挖坑越大，越挖土越湿，到了一定深度，铲子就很难展开了。于是就在外面搭起一个井口架子，装上滑轮和轱辘，从底下往上面运土，习近平跳下去挖土，装到筐子里，上面的人再拉上来，倒掉土后把空筐放下来。大家轮换着下去挖土。

当时都穿着棉衣，棉衣上面全部是泥，上面不断往下掉泥土，弄得头上肩膀上满是泥。功夫不负有心人，经过持续下挖，一股水柱终于喷出来了，有成人的胳膊一般粗，大家欢呼雀跃。

① 见《习近平的七年知青岁月》，中共中央党校出版社，2017 年第 1 版，第 173 页。

虽满身是泥，但看到泉水终于喷薄而出，习近平特别开心。

新的问题又来了，要留住水，就要在泉眼的周边垒砌一个圆形的井口坝。那时天气很冷，冰和泥土冻在一起，如果冰压在土底下，过一段时间，冰一融化，就会把坝渗穿，所以必须用老镢头和镐头把这些冰土混合物挖掉。天很冷，基建队的队员站在边上，怕踩在冰水里冻脚，就是不往下走，施工现场一时僵住了。习近平一声不吭，第一个跳到冰水里，挥动老镢头和镐头，一下一下地使劲挖。那情形就像电影《创业》中石油工人王进喜第一个跳进泥浆池，用身体搅动泥浆。梁家河社员武玉华十分感动，他朝大家喊："你们看，习书记都已经下去了！他是外面大地方来的知青，都这么能吃苦！我们给自己家里修坝，咋能不出力呢？"他喊着，也跳了下去，这时候大家都被带动了起来，陆续把残冰清理出去。

这口井终于建成了，水量充裕，不但解决了梁家河前队社员的吃水问题，还满足了浇地用水，生活和生产用水都解决了。虽然现在村里安上了自来水，但大家还是爱用这口井里的水。

因为打井的时候，腿脚长时间站在井底冰凉刺骨的冰水里，习近平的腿冻得落下了毛病，冬天的时候容易腿疼。

习近平后来回忆说："我在梁家河插队 7 年，其中两年做大队党支部书记。记得有一次组织支部书记去大寨参观，我正好村里有事，没有去成。去了的人回来说，他们那里天天吃白面都行，但人家说了，为了支援社会主义建设，要把白面留下来，吃玉米棒子。有人说，咱们是不是也定一个目标，学大寨的目标就是一年四季能吃上玉米面。我说，这个目标很宏大啊，咱们争取实现它。"

"那个年代，农村还在'割资本主义尾巴'，吃'大锅饭'。但为了做好农村工作，要以实事求是为着眼点，否则什么事都很难干成。我做了大队党支部书记后，也一直循着这条路。那时我刚满 20 岁，主要心思是让大家多打一点粮食，有几个零花钱。

我带领乡亲们打了大口井，在沟川上搞一点水浇地。那里的地下水不深，打个五六米就出水，打大一点，可以提灌。再有，就是修淤地坝和搞梯田。天天晚上打着马灯夜战。在冰上干活，开始乡亲们不敢下，我光着脚站在冰上，把冰凿掉，然后垫土，后来乡亲们跟着我一起干。”

陕北七年，锤炼了他坚韧不拔、坚毅刚强的性格，铸造了他自强不息、志存高远的情怀。有知青“这碗酒垫底”，以后人生岁月中遇到的各种风浪和困难又算得了什么呢？

学习与思考

塑造共产党人的高尚品格

早在革命战争年代，毛泽东同志就曾指出：“享受让给人家，担子拣重的挑，吃苦在别人前头，享受在别人后头，这样的同志就是好同志。”1936 年，在延安，美国记者斯诺看到我们党的领导人住窑洞、吃粗粮、亲自纺线的情景，深感共产党的伟大，称这种力量为“东方魔力”，是“兴国之光”。

进入建设和改革开放时期，以焦裕禄、谷文昌、杨善洲、孔繁森等为代表的共产党人，甘于吃苦、甘于奉献，一心为公，以自己的辛劳换取人民群众的幸福。甘祖昌作为开国将军，放弃优厚生活条件回乡当农民，不仅与群众干在一起，还拿出大部分积蓄修水利、建电站，为家乡发展作贡献。榜样的力量是无穷的，安徽省委选派干部、小岗村党委第一书记沈浩，两任村主任、六载离家，与群众同吃同住同劳动，脑中想的是“怎样才能使这有限的时间为老百姓办更多的实事”，想的是摘掉这个大包干发源地的“贫困帽子”，扎根基层一直到生命最后一刻。

我们正处在决胜全面小康的关键时期，既要千方百计谋发展，更需艰苦奋斗奔复兴，尤其需要广大党员干部走在前头、干在前面，把“苦”揽过来，把“甜”送给群众，以共产党人的高尚品格和精神力量感召群众，带领群众共同奋斗，确保全面实现小康“一个都不能少”。

我们的故事

交通民警刘五桥

武汉市武昌火车站地处武汉南大门，省内外公路客运站集聚周边，高峰人流量达 50 万，平峰时段 6 万人，这是我的战友、武汉市公安局武昌区交通大队机动中队武昌火车站警务区警长刘五桥坚守了 10 年的地方。10 年间，他日夜守护，一天最长站岗 18 个小时，移动距离 20 多公里，磨烂的警鞋就有 60 多双。为了保证把每位父老乡亲安全送到东西南北，他坚持每天早上 7 点之前准时到岗，晚上过了旅客乘车高峰才离开。

“10 年里，我从未休过一次完整的双休和节庆长假。”“10 年里，从未在家吃年饭”。每逢除夕夜，他总是和同事们坚守在岗位上，妻子和孩子只好带着饭菜，趁人流、车流少时，一家三口在附近找个角落，吃上一顿变凉了的饺子。“我明白，与丈夫、父亲这些身份相比，我更是一名警察，必须奉献他人”。因为热爱，他用坚守和责任，在平凡的岗位上做出了不平凡的业绩。

获评“全国特级优秀人民警察”荣誉的武汉交警刘五桥（照片来源：汉网）

一次次吃苦在前，一次次尽职尽责，他在恶劣的天气下指挥交通的身影感动了无数市民，大家纷纷感叹：他的身影，温暖了这座城市。

从警30年来，刘五桥先后荣立个人一等功1次、二等功1次、三等功2次，全国特级优秀人民警察、全国优秀人民警察、湖北省“荆楚楷模”、湖北最美警察、武汉市道德模范、武汉市劳动模范……

战友卞如薇的讲述，让听众们第一次知道，这个站前交通的“定海神针”，原来经常用缝衣针挑脚底的水泡，作为这座城市里少有的没有除夕夜的人，日积月累、起早贪黑地奔走，就是为了守住群众的平安路……

2019年6月25日，中共中央组织部、中共中央宣传部下发《关于表彰第九届全国“人民满意的公务员”和“人民满意的公务员集体”的决定》，49岁的刘五桥是192名全国“人民满意的公务员”之一。

“只要旅客平安，我的坚守就值得”(照片来源：江城警讯)

“金杯银杯不如老百姓的口碑，我最关心的是警务区交通秩序。”在京受表彰后回到岗位上的刘五桥如是说。

“警察同志，到鄂州市华容区在哪儿坐车？”

“可到武昌付家坡公交站坐车去华容。”

“到省人民医院怎么走？”

“过马路直行 1.6 公里就到了省人民医院。”

“到咸宁去如何转乘？”

……

面对问路群众，刘五桥对答如流。“最少一天有几十人咨询，高峰时一天要为 500 多人指路。”刘五桥说。在他看来，交通管理并不是简单的挥挥手、吹吹哨，能及时地为群众出行遇到的难题给予帮助也是应尽职责。

“我们将一条条线路‘死记硬背’，人人都成了‘活地图’！”刘五桥交通岗亭处于武昌火车站与附近多个客运站之间，常有人将拾得的钱包等物品交到岗亭。刘五桥专门在岗亭内设置了便民失物招领处，对已经离汉的失主，他还会把失物邮寄过去，“失物邮递”实现常态化。

刘五桥是地地道道的“网红”。一段雨中送孩子上学的视频被上传网络，被不少网友称为“最美摆渡人”。那是2019年6月21日，暴雨袭江城。武昌火车站警务区管辖的紫阳东路出现积水，一辆小轿车在雨中熄火。得知车上一名小学生急于上学，刘五桥抱着孩子趟过积水路，暖心照片“刷爆”网友微信朋友圈。

当日，武汉突下大雨。早上8时许，刘五桥正在积水中疏导车辆时，一辆小汽车在水中熄火，无法继续行驶。刘五桥立即趟水赶到熄火车辆附近，发现车中是一位母亲准备载着孩子上学。得知车门因积水不方便打开，孩子又着急上学，刘五桥问清孩子的学校和班级后，立即决定要将孩子从车窗抱出，将其送到学校。那时，读小学二年级的小朋友正奶声奶气地发问：“我怎么下车呢?”刘五桥学着孩子的声音回答：“你跟着我走呗，跟着我走你还不放心吗？我扶你。”随即将孩子从车中抱出。刘五桥一手托住孩子，一手帮孩子背上书包，撑起雨伞。

“负重前行，这位交警是最美‘摆渡人’!”

“累得喘气还在和孩子聊天，这位交警大叔又萌又棒!”

视频上传后网友们点赞不断。

2016年7月2日，武汉普降大到暴雨，武昌火车站警务区紫阳东路铁路桥下道路及相邻垃圾转运站被淹。刘五桥跳进桥下1米多深的积水，对被困司机大声喊：“您先别急！踩刹车，挂空挡!”刘五桥与4名群众合力将抛锚车推行600米。这一幕，被网友拍下传上互联网，赢来网友纷纷点赞。得知自己成了“网红”时，刘五桥已泡在水中执勤长达6小时。长时间在马路上站立，刘五桥双腿又患有静脉曲张，但他仍坚守在岗位上。

每逢大雨，紫阳东路的涵洞都会出现严重渍水。2013年7月的一天，老刘为救被困大雨中的司机，差点落入被暴雨冲开的窨井中。提起那天，刘五桥依旧心有余悸。那天，刘五桥正在执勤时，发现一个女司机驾驶的黑色斯巴鲁困在紫阳东路的涵洞中。“整个驾驶室都是水，齐腰深的水。”

当时雨越下越大，发现被困女司机后，老刘来不及思考，就赶紧跳入污水中实施救援。“我下去以后，就在外面用非常洪亮的声音跟她喊：现在么状态啊？挂空挡啊，松手刹啊！不停地安慰她。”随后，刘五桥和 4 位热心群众一起，在 1 米多深的水中合力推车，车子被推出 600 多米，终于脱离了险境。

救起女司机后，附近司机称自己的车牌掉入水里。老刘又返身回到污水中，帮助司机打捞掉落的车牌。正当他在污水中摸索时，附近居民提醒他：“刘警官，你脚下的下水道窨井盖翻起来了啊，小心！”这时，老刘才发现他身后水流湍急。“如果不是好心市民提醒，一脚踩空，后果不堪设想。”

2009 年底，大队领导找刘五桥谈话，决定让他任武昌火车站警务区警长，并征求他的意见。火车站是武汉市闻名的治安、交通复杂地区，面对这个“烫手山芋”，刘五桥毫不犹豫地来到警务区。

初到火车站执勤时，问路的群众常常把他搞得晕头转向，看到群众因没有得到明确答复而失望的表情，他坐立不安，经过几天的深思熟虑，他决定以中山路张之洞岗为中心，在全警务区民警中间开展“公交线路一口清”的指路服务。他带领民警到每个公交站牌，收集每一条线路公交车的途经之处、行驶方向，沿线主要单位和景点，汇编成册，发给每位执勤民警和交通协管员，同时在岗区制作了大幅的公交线路指引牌，方便群众查询，极大地解决了群众出行的燃眉之急。同时每逢国庆、春节等重大节假日，他还在岗区设置了茶水桶、急救箱，最大限度地为出门在外的群众提供各种便利。

2018 年 2 月的一天晚上 10 时，天气寒冷，疏堵保畅疲劳一天的刘五桥下班，着便衣准备回家时，遇到一对抱着孩子的夫妻求助，称其刚下火车，身无分文，一家三口一天未进食，只想求好心人买一盒方便面给小孩吃，他看着夫妇两人近乎乞求的眼光，二话不说，在附近副食店买了一百多元钱的食物，并给了一百元钱，感动得夫妇两人热泪盈眶。副食店老板对夫妻两人说："你们俩不知道他是谁吧，他是我们这儿的交警队长。"

多年来，"在工作中寻找快乐，在快乐中传递能量"是刘五桥的座右铭，"服务群众，是我身为交警的天职，群众的一个微笑、点头，就是对我最大的肯定。""无论铁面还是柔情都是为民服务。"在刘五桥看来，无论是做管理还是做服务，不管是"唱黑脸还是唱红脸"，目的都是为群众服务。身为交警，首先要注意说话的方式，有礼有节；接着是讲规矩，违章了错在哪里，有什么坏处，要受什么处罚；然后讲方法，例如违章行为以后如何注意避免、居民反映社区周边堵车想什么办法解决等。"以理服人，日积月累，本就是为了大家好，时间长了你的作为就会被大家理解支持。"

服务居民时的刘五桥，是社区居民、路边求助者心里的热心人，细心体贴讲道理的柔情汉；管理交通中的刘五桥，是黑车司机和违章者眼中的"刘黑皮"，铁面无私不留情的"黑脸包公"。

刘五桥对自己的队友们提出了特别要求，所有民警和协管员一律含口哨上岗，发现行人乱穿马路，立即鸣哨制止，对不配合者要跑步上前指出并纠正。遇到节假日人流高峰时期，他带着队友拉绳索管控行人过马路，保证信号灯控放路口车辆通行效率，道路通行畅通。在他的治理下，行人乱穿马路这一顽疾逐步得到治理，车辆、行人各行其道，道路通行明显变畅。

面对火车站黑车泛滥的问题，刘五桥带领民警联合站前运管、城管等部门采取凌晨出击、错时整治、警便结合等手段，连续一周查扣 20 余台非法营运车辆。火车站黑车泛滥得到有效遏制，这一带流传着这样一句话："火车站的刘五桥天不怕地不怕，最好莫惹他！"

铁面是为了守住红线，不让妨碍交通的违法者有空可钻；柔情是为了不忘初心，始终牢记为民服务的职责和使命，都是一心为民的担当。

从警以来，刘五桥用自己的行动忠实践行着人民警察的铮铮誓言，用一颗全心全意为人民服务的心对待着群众。

2019 年 10 月 16 日，第七届世界军人运动会火炬传递仪式在武汉东湖绿道举行，全国特级优秀人民警察武汉交警刘五桥被推选为光荣的火炬手。

10 月 14 日下午，根据要求刘五桥准时到组委会报到，登记后领取了军运会火炬传递需要的装备，回到驻地赶紧把运动服全部挂了起来，以保持整洁干净，晚上穿上了崭新的运动服去参加会议，认真听取了作为一名火炬手需掌握的知识和注意事项，15 日一大早参加彩排，熟悉场地。

正式传递的头一晚，刘五桥激动得一宿没合眼，可一早起来精神头依旧，当他高擎“和平荣光”火炬，70 米的路程每一次挥手、每一个步伐、每一寸目光都显得活力四射，充满正能量。刘五桥说：“我不是代表我自己，我是代表武汉市公安局的全体民警，我要展示中国警察良好形象，这既是一种使命也是一种责任，我将用心用情用力跑好每一步，跑出风采，跑出新时代大武汉公安民警的精气神。”

同甘共苦　风雨同舟

责任重于泰山，事业任重道远。我们一定要始终与人民心心相印、与人民同甘共苦、与人民团结奋斗，夙夜在公，勤勉工作，努力向历史、向人民交一份合格的答卷。

——2012 年 11 月 15 日，十八届中央政治局常委与中外记者见面会上，刚刚当选中共中央总书记的习近平如是说。

一部红军长征史，就是一部反映军民鱼水情深的历史。在湖南汝城县沙洲村，3 名女红军借宿徐解秀老人家中，临走时，把自己仅有的一床被子剪下一半给老人留下了。老人说，什么是共产党？共产党就是自己有一条被子，也要剪下半条给老百姓的人。

同人民风雨同舟、血脉相通、生死与共，是中国共产党和红军取得长征胜利的根本保证，也是我们战胜一切困难和风险的根本保证……

——2016 年 10 月，习近平总书记在纪念红军长征胜利 80 周年大会上的讲话。

再糙的饭也吃得香，再穷的人也看得起

习近平到梁家河大队总共住过三个地方，第一个地方是刘金莲家，第二个地方是吕侯生家，第三个地方是村里的知青窑洞。虽然这里的家不能和北京相比，但每住一个地方，他都把那里当作自己温馨的家，把那里的人当作自己的家人。[①]

知青干农活的时候和农民一样，都是穿的这种布鞋，鞋穿坏了，刘金莲就给他做新鞋穿。刘金莲的老伴儿叫张清远，是他们生产队的队长，每天带着习近平他们这些北京知青到山上去打坝、修梯田、受苦劳动。习近平干活能受下罪、吃下苦，一点儿城里娃娃的娇气劲都没有。他从村里往五里外的地里挑粪，由于在城里从没有干过农活，刚开始的时候，那扁担把他的肩膀磨得一层一层掉皮出血，他就把衣服脱下来垫在肩膀上。垫得薄了不管事儿，扁担还是磨得肩膀受不了；垫得厚了使不上劲儿，扁担又容易掉下来。没过多久习近平的肩膀上磨出了厚厚的茧子，就不怕扁担磨了，也不用垫衣服了。梁家河的太阳辣，他身上都晒红了，之后又蜕皮，那个苦可不是一般大城市的娃娃吃得下的。队长看在眼里，疼在心里，怕他太辛苦，就说："你去那歇歇。"习近平说："没事儿，干完这一会儿再说"。他就是这样一个凡事都坚持的人，有什么活都要干完再歇着，不干完不休息。他

① 见《习近平的七年知青岁月》，中共中央党校出版社，2017 年第 1 版，第 258 页。

这样一点一点吃苦，锻炼成每天能挣10个工分的壮劳力。队长张清远看在眼里十分佩服，他跟老伴说："你看近平是北京的娃娃，大城市里来的，但是干活跟农村娃一样，一点儿都不惜力，又有文化，又爱学习，又能吃苦，了不起呀。"习近平就是用他的这种不服输、不叫苦的精神感染了梁家河的乡亲们，也拉近了他和乡亲们的距离。

小孩子最天真无邪，那个年代，只有小孩子最毫无顾忌地表露出最真实的情感，也最容易勾起爱心。习近平自己兄弟姐妹很多，感情都非常深厚。他很喜欢小孩，在刘金莲家住时，只要有时间，他就经常带着刘金莲家的娃娃一起玩。习近平在劳动之余，除了看书、聊天，就是和小孩子泡在一起。在大地的胸膛，在纯朴的乡间和小孩子一起奔跑、玩耍，习近平就会忘记疲惫，忘记烦恼。几个娃娃跟他感情非常好，长此以往，习近平和他们建立了亲密无间的感情，不是家人，胜似家人。1975年习近平离开梁家河的时候，刘金莲的大女儿6岁了还一直哭，拉着习近平的衣服不让走①。习近平对人非常宽容，那时候男知青基本上都抽烟，劳动中间休息的时候，习近平坐在土坎上卷上一支"大炮"，一个"半憨憨"的灵娃②就会上去一把给抢走，他对此从来都是一笑了之，对灵娃从未有过疾言厉色。习近平也非常善良，他在梁家河的日子，对村民、对老人、对小孩子、对残疾人都充满爱心，真诚相待，他的这种爱心、宽容与善良，到他成为国家领导人的时候，就成为人间大爱了。

习近平当支书时，村里的知青都走光了，他既要忙村里的事儿，还要参加队里的劳动，根本顾不过来做饭刷碗。他于是对村民张卫庞说："我到你家里去吃饭，你看咋样？"习近平把他每个月的40斤粮都交到张家，在张家吃饭，张家婆姨做什么他就跟

---

① 见《习近平的七年知青岁月》，中共中央党校出版社，2017年第1版，第276页。

② 见《习近平的七年知青岁月》，中共中央党校出版社，2017年第1版，第20、21页。

着吃什么。在山上吃饭的时候，知青们吃的玉米团子是黄澄澄的，老乡们说这是真粮食。于是，习近平就用他的玉米团子和老乡换饭吃，“嘴一没（陕北方言，完全、根本的意思）不细”。他对老乡们吃的糠团子有亲身体验，确实难以下咽，而且热量很少，不顶饿，吃完再干活，没一会儿就又饿了。有时候，习近平饿得受不了，想再拿几块糠团子吃两口的时候，却发现他给的玉米团子老乡们都没有舍得吃，一问才知道老乡们要留给家里的老人和娃吃。这件事给习近平非常大的触动，那就是老乡们的生活实在是太艰苦了。这更加坚定了他和老乡们同甘共苦的信心与决心。他就是这样了解到基层群众的疾苦，了解到边远贫困地区的艰难——再糙的饭他也吃得香，再穷的人他也看得起。习近平在张卫庞家搭伙吃了近一年的饭，一直到他上大学离开梁家河。

学习与思考

做焦裕禄式的好干部

“同甘共苦”出自西汉刘向《战国策·燕策一》：“燕王吊死问生，与百姓同其甘苦。”讲述的是燕昭王在国中祭奠死者，慰问生者，和百姓同甘共苦的典故。一同尝甜的，也一同吃苦的，比喻有福一起享，有困难一起承担。

《资治通鉴》中讲到了魏国的将军吴起在行军的时候，跟最低级的士兵一起吃饭，穿同样的衣服，睡觉不用设置草席，行走不用坐马，帮士兵挑粮，与士兵共同承担辛苦。有士兵患了毒疮，吴起亲自帮他吸吮毒汁。正是吴起的做法，让士兵能够心甘情愿地为他付出生命。因为他能够和士兵同甘共苦。

当年中央苏区食盐短缺，红军司令和士兵一样都是最低标准供应。朱德与彭德怀都曾说过“有盐同咸，无盐同淡”，这也是当年中央苏区共产党员的共同价值观。建国后，在中国共产党第八届中央委员会第二次全体会议上毛泽东说：“要勤俭建国，反对铺张浪费，提倡艰苦朴素，同甘共苦。”

一代代共产党人以“与人民同甘共苦”为要求，以“吃苦在前、享受在后”为准则，以“两个务必”为告诫，建树起艰苦奋斗、无私奉献的精神丰碑。唯有锤炼坚定的信仰，锻造纯粹的党性，摈弃享乐主义，坚持艰苦奋斗，才能赢得民众信任和信赖，才能把事业的接力棒一代一代传下去。

时光流逝，岁月如梭。在庆祝中华人民共和国成立 70 年周年的时刻，笔者循着青年习近平的足迹，看到了他的“变与不变”：变的是年龄、是岗位、是担子；不变的就是他读初中时课文中播下的、在梁家河开始发芽的那颗种子，那颗焦裕禄精神的种子，那 50 年不变的“焦裕禄情”。从梁家河担任大队支部书记起，他一直把焦裕禄作为自己的榜样。

1. 五十年“焦裕禄”情结：为官一任，造福一方

从一名初中生，到县委书记，再到中国最高领导人，前后 50 年，习近平心中始终念着一个名字：焦裕禄。

中学时，习近平曾被焦裕禄的事迹“深深震撼”，上山下乡、上大学，特别是后来当县委书记、市委书记，一直有焦裕禄的影子伴随。

1990 年任福州市委书记时，习近平曾深夜填词《念奴娇·追思焦裕禄》，词曰：“……百姓谁不爱好官？把泪焦桐成雨……思君夜夜，肝胆长如洗……”文末言志：“为官一任，造福一方，遂了平生意。绿我涓滴，会它千顷澄碧。”

任浙江省委书记时，习近平多次撰文谈焦裕禄精神。2003年，他在《浙江日报》的《之江新语》专栏中写道："县委书记的榜样焦裕禄，'官'有多大？但他的形象是十分高大的。"另一篇文中，他要求干部"学习焦裕禄，就要学习他勤政为民、艰苦奋斗的创业精神"。

2014年3月17日至18日，因着"思君夜夜"的情结，习近平又来到"焦裕禄精神发祥地"河南省兰考县，并将该县选为第二批党的群众路线教育实践活动联系点。一下车，他就来到了焦裕禄同志纪念馆，他说："我也是来学习的。"

实际上，2009年时任中共中央政治局常委、国家副主席的习近平就曾到过兰考，并用"亲民爱民、艰苦奋斗、科学求实、迎难而上、无私奉献"概括焦裕禄精神。在他看来，焦裕禄是广大党员干部应"见贤思齐"的好干部，是一面镜子。

2. "焦裕禄式"干部：心无百姓莫为官

焦裕禄的魅力，本质上就是一个好干部的魅力。

2004年，在《执政意识和执政素质至关重要》[①]一文中，习近平提出要求："像领导干部的好榜样焦裕禄、孔繁森、郑培民等英模人物那样，做一个亲民爱民的公仆，做一个忠诚正直的党员，做一个靠得住、有本事、过得硬、不变质的领导干部。"

2006年，在《要善于学典型》一文中，习近平提到多个典型："学习牛玉儒，就要学习他廉洁奉公、清正无私的革命本色；学习郑九万，就要学习他'心里装着群众，凡事想着群众，工作依靠群众，一切为了群众'的为民情怀。"[②]

习近平还曾说，心无百姓莫为官。古往今来，"先天下之忧而忧，后天下之乐而乐"的范仲淹，"些小吾曹州县吏，一枝一叶总关情"的郑板桥，"但愿苍生俱饱暖，不辞辛苦出深林"的于谦，

① 见《之江新语》，浙江人民出版社，2007年8月第1版，第84页。

② 见《之江新语》，浙江人民出版社，2007年8月第1版，第218页。

都被他看作是以关心百姓疾苦为己任的人。

1998年，习近平在《忆大山》[①]一文中，介绍了曾任河北省正定县文化局局长的贾大山的为人为官："虽说他的淡泊名利是出了名的，可当起领导来却不含糊。上任伊始，他就下基层、访群众、查问题、定制度，几个月下来，便把原来比较混乱的文化系统整治得井井有条。"习近平还曾撰文纪念前正定县委副书记"吕玉兰大姐"。

总体上，习近平推崇的干部，虽扎根基层，大多级别不高，但都"干在实处、走在前列"，具备清廉、务实、为民的特点。

3. 引经据典谈为官：政绩之本，在于为民

谈及为官之道，习近平喜欢引经据典地给今人树榜样或敲警钟。

为官之道，首在政绩观。习近平吸收了中国传统的"民本"思想。2005年，习近平提到，"政绩之本，在于为民"，"民为邦本，本固邦宁"。2007年，他用"当官不为民做主，不如回家卖红薯"的俗语，强调"为民"的根本性。

习近平多次论及官员的品德修养。2007年，习近平用"百行以德为首"，"修其心治其身，而后可以为政于天下"等，指出为官者"不患无位而患德之不修"，"不患位之不尊而患德之不崇"。他还用孟子的"富贵不能淫，贫贱不能移，威武不能屈"，王安石的"修其心治其身，而后可以为政于天下"等名言论修养。

有"德"，还要不断学习。2013年，习近平在中央党校的讲话中说："学者非必为仕，而仕者必为学。"他用"功崇惟志，业广惟勤"来谈官员修身。

习近平相当重视官员选拔。2013年，他用"宰相必起于州郡，猛将必发于卒伍"谈基层工作的重要，用"尚贤者，政之本

① 见《当代人》杂志1998年第7期，作者习近平；本文收入《知之深　爱之切》，河北人民出版社，2015年第1版。

也”,“为政之要,莫先于用人”谈选贤任能的重要,用“疾风知劲草,烈火见真金”谈锤炼干部。

习近平非常重视党员干部作风问题。他用“奢靡之始,危亡之渐”“侈则肆,肆则百恶俱纵”警醒官员,用“堤溃蚁穴,气泄针芒”“巴豆虽小坏肠胃,酒杯不深淹死人”等,谈个人情趣无小事。

4. 新时代好干部标准:5 句话 20 个字

从政以来,习近平多次谈及干部选拔标准和从政体会①。

2006 年,时任浙江省委书记的习近平用 28 个字概括从政体会:激浊扬清、敬业乐业、乐在人和、力戒浮躁、贵耳重目、求知善读、戒奢节俭。

全面深化改革时期需要什么样的干部? 2013 年全国组织工作会议上,习近平提出 5 句话 20 个字的“好干部标准”:信念坚定、为民服务、勤政务实、敢于担当、清正廉洁。

好干部要做到“12345”。一个信仰:对马克思主义、共产主义的信仰,对社会主义的信念,是共产党人精神上的“钙”,没有理想信念,理念信念不坚定,精神上就会得“软骨病”,就会在风雨面前东摇西摆。两个加强:成为好干部,就要不断改造主观世界、加强党性修养、加强品格陶冶,时刻用共产党员标准要求自己,时刻自重自省自警自励,老老实实做人,踏踏实实做事,清清白白为官。三严三实:各级领导干部都要既严以修身、严以律己、严以用权,又谋事要实、创业要实、做人要实。四有四铁四种人:做县委书记就要做焦裕禄式的县委书记,始终做到心中有党、心中有民、心中有责、心中有戒;实现中华民族伟大复兴的中国梦,关键在于培养造就一支具有铁一般信仰、铁一般信念、铁一般纪律、铁一般担当的干部队伍;做政治的明白人,做发展的开路人,做群众的贴心人,做班子的带头人。五项标准:好干部要做到信念坚定、为民服务、勤政务实、敢于担当、清正廉洁。

① 见陈振凯、申孟哲《习近平心中的好干部》,《人民日报·海外版》2014 年 3 月 21 日。

怎样成长为好干部？要紧扣民心这个最大的政治，要站稳人民立场，贯彻党的群众路线，同人民想在一起、干在一起，坚决反对“四风”特别是形式主义、官僚主义，始终保持党同人民群众的血肉联系。增强政治领导本领，坚持战略思维、创新思维、辩证思维、法治思维、底线思维，坚决执行党的路线方针政策，把总揽全局、协调各方落到实处。领导干部不仅要有担当的宽肩膀，还得有成事的真本领。既要大胆讲政治，又要善于讲政治；既要矢志抓发展，又要善于抓发展；既要勇于抓改革，又要善于抓改革；既要敢于直面矛盾和问题，又要善于化解矛盾和问题；既要有想干事、真干事的自觉，又要有会干事、干成事的本领。要坚持法治、反对人治，对宪法法律始终保持敬畏之心，带头在宪法法律范围内活动，严格依照法定权限、规则、程序行使权力、履行职责，做到心中高悬法纪明镜、手中紧握法纪戒尺，知晓为官做事尺度。

我们的故事

社区民警王群

一个社区民警为了工作、为了方便居民群众，竟然把自己的家搬到工作的社区，24 小时和居民群众在一起，真正同居民群众成为“一家人”。这个社区民警就是笔者身边的战友、武汉市公安局汉阳区分局洲头街派出所社区民警王群，她践行了青年习近平同志在梁家河与底层老百姓同甘共苦、风雨同舟的精神。

王群是江城家喻户晓的一位“明星女警”，她舍弃繁华闹市、主动搬家进治安状况老大难社区的故事为不少群众熟悉（照片来源：江城警讯）

2004年1月，王群调任长新社区民警。该社区是开放式老居民区，环境复杂，治安防范硬件薄弱，发案率居高不下，是个矛盾丛生的老大难社区，群众怨言颇多。她看在眼里，急在心上。她原来居住在汉阳最繁华热闹的钟家村，购物方便、交通方便、女儿上学也方便。但是为了工作的方便，她舍弃所有的生活方便，于2008年1月25日在自己管辖的、位于城郊接合部的小区购买了一套二手房，把家安到了社区，使自己有更多的时间接触群众，为群众办事。有人不理解，社区民警成天面对扯皮拉筋的大事小情，谁还要自找麻烦住在管段里。可她却不这么想，她认为住在群众中间，与群众零距离接触，可以更快更好地为群众办事，可以抽出更多时间投入社区防范，确保一方平安。

作为一名每天与辖区群众打交道的社区民警，王群深感肩负的重担：为警一方，就要确保一方平安，就要为居民群众打造一个安居乐业的社区环境。她坚持走街串巷，上百家门、认百家人、知百家情，工作时她总是随身携带一个笔记本电脑，对居民信息坚持每天日常采集维护，随时增减，多年的习惯使她对辖区情况做到了“五熟”，即人员熟、门店熟、单位熟、治安熟、地形地貌熟，被群众誉为“活电脑”。为加强社区防范，她以网格管理为抓手，重视调动居民群众参与社区防范，走警民联手的路子。她将社区2700户实行网格化管理，构建一张平安创建的防控网。做到人在“格”中巡，门栋有人看、路口有人守、社区有人转；做到物在“格”中防，社区车辆物业自治、社区院落封闭管理、居民家庭自固防线；做到视频“格”中查，社区9个网格共建27个探头，专人管、安保守、民警查，确保常态、长效。

“不怕巡逻破案苦，唯恐纠纷调解难”。群众纠纷涉及法律问题多，处理起来难度大、耗时长，不少基层民警视之为“烫手的山芋”。但王群注重应用法治思维和法治手段，铺就一条“律师联调、警群联手、调处联治、社区联家”的群众纠纷排解“法律快速路”。10年来，她妥善处理了500余起群众纠纷，件件依法、事事尽心，辖区无一起矛盾、纠纷上交，社区居民在每起矛盾、纠纷的化解中，切实感受到社会的公平正义。

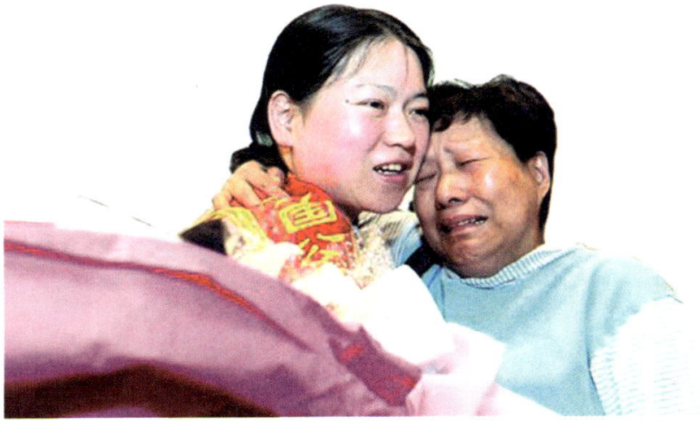

王群随全国公安英模事迹报告团回到武汉，几位赶来迎接她的社区大妈，激动地上前拥抱王群，眼含热泪（图片来源：楚天都市报）

2014年8月29日，一名外地来汉从事流动补胎工作的中年男子，在给一辆通勤车补胎时，轮胎突然发生爆炸致其身亡。事故发生后，死者家属20多人从外地赶至武汉，要求派出所"给个说法"，扬言处理不满意就会抬着花圈、遗像出去闹事。正在值班的王群见此情形，一方面努力稳定对方情绪，耐心宣讲政策和法律，说服他们只有走法律程序，才能依法定责，依法维权，并且告知国家对进城务工人员有免费的法律援助，可以指定一名律师进行义务帮助。另一方面，及时和社区律师调解联络员进行联系，迅速启动律师联调机制。9月1日，因对方公司一直无人露面，死者家属情绪激动，王群同志又一次耐心接待他们，律师从法律角度向死者家属认真分析了通过民事赔偿解决纠纷的可行方案、途径，并表示一定支持当事人通过法律途径维护合法权益。死者亲属本以为人生地不熟，不闹就没有希望得到赔偿，但通过王群同志和社区律师调解联络员动之以情、明之以法、晓之以理的劝导调解，对派出所不但没有了抱怨，反而建立了对司法调解的信心。9月3日，闹事家属主动将死者火化，并通过正常法律途径解决了问题。

王群依法引导、公平公正的口碑传开后，社区居民也很受教育和启发。过去，总以为闹到街道、区里甚至省市政府，或者上街堵路才是最管用的。现在，有了"放心管家"王群同志，居民都愿意就近找"王管家"在"家"里求个公道。王群同志依靠自己多年扎根社区、执法为民的作风，逐渐在社区居民中形成了办事依法、遇事找法、解决问题用法、化解矛盾靠法的良好风气，促进了社区和谐，实现了一方平安。在她及社区干部、居民群众的共同努力下，长新社区治安形势迅速扭转，实现连续6年无命案、无入室盗窃、无火灾事故，多次被评为市、区"安全文明小区"。

在王群眼里，"社区"就是一个大家庭，她把群众当家人，群众也把她当亲人。多少个春秋冬夏，王群就像个"大管家"，在家长里短中奔走，在柴米油盐里牵挂，感受着社区居民们最平凡的幸福，排解着“清官”也难断的纠纷和矛盾，用心守护着社区的和谐与安宁。

她所辖的长新社区居民大多是长航系统职工，由于单位整体效益滑坡，贫困家庭多、下岗职工多、吸毒人员多。作为社区民警，她深知民生的根本是生计，只有让下岗失业人员实现再就业，才能在总量上减少贫困户。多年来，她不厌其烦地为群众“跑腿”找工作，先后帮助 70 多名下岗职工实现了再就业。

家住长航新村的刘某因重罪被判处无期徒刑，其父早逝，其母廖婆婆哭瞎了眼睛，一人在家孤苦度日。王群调任社区民警后，天天上门关心廖婆婆的起居。劈柴火、生炉子、修门窗，见事做事。廖婆婆每次到监狱探视儿子，总会念叨热心的王户籍对自己的关照，鼓励儿子好好改造。因改造积极，刘某获减刑刑满释放，王群又帮助他办理了户口、身份证，并建议他办理低保，但他谢绝了，他说：王户籍对我家有恩，我要做个自食其力的人。在王群的资助下，刘某的小卖部顺利开张，现在每年都有稳定的收入，他逢人就说：“我能有今天，都得感谢王户籍。”

《人民日报》、《法制日报》、中央电视台等媒体报道了王群为辖区群众排忧解难的事迹后，武汉市水产协会副会长陈忠生被王群的热心所感动，特意找到她，表示愿意在她所在社区附近开设一家小龙虾分店，为辖区的特困群众提供就业岗位，还主动提出将龙虾店营业利润的 10％～20％作为长新社区的帮扶基金。龙虾店正式开门营业后，辖区 12 名特困群众经过岗前培训进入了龙虾店工作，每人的月收入都在 1000 元以上，一下子就解决了 12 个家庭的生计难题。王群暗下决心：为了社区 7 千“家人”的平安、和谐与幸福，无论多苦多累，她都无怨无悔！

王群有一条雷打不动的原则：凡是符合原则的事，不用求也会办；不符合原则的事，就是送座金山也不会办。2007年12月，辖区有一青年想参军，这名青年曾因故意伤害罪被判刑一年，政审时在王群那里没有通过。这名青年的父母打听到王群的住址，送去2000元钱，想让王群"高抬贵手"，被她严词拒绝。这名青年的父母以为王群嫌钱少了，又说：事成之后再给2000元。王群一下火了：钱是个好东西，但钱买不到人格，如果我不把关，群众怎么看我们警察。这名青年的父母还是不死心，后来又变着法儿送了几次，结果都碰了壁。

在王群看来，为群众办好事、办实事是她份内的事，她默默地付出，从没有想过回报，但居民群众却用各种方式来回报她。当她排解矛盾纠纷时，群众拥护她；当她工作繁忙顾不上吃饭时，群众给她送上热呼呼的饺子；当她身处险境时，群众挺身而出帮助她……

王群的付出也让她收获了感动，一次她协助外单位抓获一名涉毒犯罪嫌疑人，一连几个晚上，居民们怕她遭到嫌疑人同伙报复，竟自发地轮流值班，悄悄在她家楼下守候、巡逻。夜晚12点回家时，她发现有几位居民还站在自家楼下，询问得知他们担心她的安危，在给她站岗放哨！2018年3月，她成立了"王群禁毒工作室"，帮助一群误入歧途的人重新站起来，曾经的吸毒人员成为她的得力助手。

王群从警30年，始终牢记并努力实践全心全意为人民服务的宗旨，爱岗敬业，秉公执法，竭诚为民，无私奉献。她，坚持扎根社区，贴近群众，积极探索治安管理工作新模式，大力开展群防群治，构筑起严密的社会治安防控网络。她，立足本职岗位，创新推出"三帮四助"工作法，为群众办实事、做好事、解难事，先后帮助70多名下岗职工实现了再就业。她，10年来妥善处置500余起民事纠纷，归纳总结化解矛盾纠纷"律师联调、警群联手、调处联治、社区联家""四联"工作法，得到湖北省副省长、公安厅厅长曾欣批示肯定。她，严于律己，永葆正气，以"为民务实清廉”的实际行动在人民群众中树立了公安民警可亲、可敬、可爱的良好形象，受到党委、政府和上级公安机关的褒奖。她，先后荣获“全国先进工作者”、公安部“二级英模”、“全国特级优秀人民警察”、“全国政法系统优秀党员干警”、“全国优秀志愿者”、全国“五一”劳动奖章、“全国三八红旗手”、“湖北省劳动模范”，荣立个人一等功一次、二等功三次、三等功五次。

不图自己享受 只为百姓造福

要发扬当年陕甘宁革命老区党员、干部吃苦在前、享受在后的高尚精神，做到一身正气、清正廉洁，兢兢业业把老区各项事业发展好。

——2015年2月13日，习近平在中国延安干部学院主持召开陕甘宁革命老区脱贫致富座谈会时的讲话。

要特别学习弘扬焦裕禄同志"心中装着全体人民、唯独没有他自己"的公仆情怀，凡事探求就里、"吃别人嚼过的馍没味道"的求实作风，"敢教日月换新天"、"革命者要在困难面前逞英雄"的奋斗精神，艰苦朴素、廉洁奉公、"任何时候都不搞特殊化"的道德情操。

——2014年3月18日，习近平总书记在河南省兰考县调研指导党的群众路线教育实践活动时这样说。

榜样的故事

用摩托车换农机具

在梁家河插队7年，习近平心中装的，全部是他的父老乡亲，唯独没有他自己。

北京市支援延川县，拨给了两台车，一台130货运汽车，一辆三轮摩托车。在那个物资奇缺的年代，能够得到这2台车，简直是上天的恩赐了。县里决定把汽车奖给赤脚医生孙立哲建起的延川县关家庄合作医疗站，把摩托车奖给梁家河大队党支部书记习近平。[①]

听到这个消息，大家都很高兴，唯独习近平不高兴。他说："这个摩托车对咱有啥用，拉不了多少东西，又不能下地干农活，难道我天天开着它去兜风吗?"这个时候的习近平，已经把自己的命运和乡亲们的命运连在一起了，他不可能自顾自去享受，而忘记群众的困苦和期盼。

"这车在村里没什么用，换个实用的东西吧。"习近平开着三轮摩托车到了延安，找到延安地区农机局，说"这辆三轮摩托车是北京奖给我的，我想跟你们换几件农机具"。对方听了很高兴，当时那辆摩托车在延安也是很紧俏的，最后换了一辆手扶拖拉机、一台磨面机、一台扬场机、一台碾米机和一个潜水泵，习近

① 见《习近平的七年知青岁月》，中共中央党校出版社，2017年第1版，第193页，第334页。

平把这些农机具拉到大队，给社员们使用。一辆三轮摩托车，换来一大堆机器设备，习近平别提有多高兴了。对于黄土高坡那恶劣的生产环境，对于一个生产队，一辆手扶拖拉机是何等金贵、何等重要啊！

习近平当了支书后，提出要解放生产力，把社员从家庭事务中解放出来，投入到粮食生产中，所以他想到办磨坊，让所有社员都到磨坊来磨面。在此之前，村里家家都是用石碾子磨面，套上毛驴，再搭上一个劳力。毛驴一圈一圈地拉，人还得用扫帚往里面扫，费时费力，半晌也磨不出多少面。如果用毛驴推磨，从早上到下午才能磨出二三十斤粮食。

习近平用自己的个人奖品换来的磨面机、碾米机，给村里办起一个磨坊。那时候，毛驴是陕北农民最重要的运输工具，要运东西，要驮着粪上山，毛驴很少，经常不够用。社员因为争着用毛驴隔三差五地争吵。习近平办起这个磨坊，一小会工夫，就把社员吃的粮食磨完了，加工粮食的效率提高了几十倍。不用浪费时间，磨坊承担了全村的磨面和碾米的工作。同时将毛驴从磨坊腾出来用于生产和运输，用到田间地头。社员们只要把粮食拿过来，一会儿就磨好，非常方便，而且都是免费的。社员们从陕北高原世世代代用牲口磨面习惯的改变中，感受到现代工业的力量和现代科技的益处，村民感叹的说："机器这东西真厉害，一千头毛驴也比不上它。"

黄土高原雄浑苍茫，群山环绕，充满神奇。这块厚重的黄土地，曾经以博大的胸怀接纳过转战了大半个中国的工农红军队伍，成为中国共产党人演绎红色革命传奇的大舞台；30 多年后，这里同样以博大的胸怀接纳了 26000 多名少小离家的北京知青，成为这批中学生接受青春洗礼的地方。习近平在梁家河的 7 年知青经历，让他真正接了地气，了解了国情，贴近了人民，真切感受到了人民群众的冷暖和甘苦，培育了他同人民群众的血肉感情。

淡泊名利守初心

深藏功名，坚守初心，不改本色。95 岁老人、71 载党龄、63 年深藏功名，战斗英雄张富清的事迹传遍荆楚大地、感动亿万华夏子孙。2019 年 6 月 17 日，中共中央宣传部授予湖北省来凤县 95 岁的老军人、离休干部张富清“时代楷模”称号。

95 岁的张富清老人是湖北来凤县一名离休干部，平日里，他看着和其他老人没什么不同，可事实上，他却是一名有着卓著功勋的战斗英雄（照片来源：中央电视台）

1924 年 12 月出生于陕西省一个贫苦农民家庭的张富清，年轻时备尝艰辛。十五六岁，他到地主家做长工，后来家中唯一壮劳力二哥被国民党抓壮丁，为了全家维持生计，他用自己将二哥换了出来。他因身体瘦弱，被指派做打扫、洗衣、做饭、喂马等杂役，饱受欺凌，稍有不慎就遭到抽打，苦不堪言。国民党部队被剿灭后，在领3块大洋回家和参加革命队伍之间，他选择了后者，成为西北野战军的一员。

1948年3月，解放战争进入夺取全国胜利的决定性阶段，张富清屡次担任突击队员，冲锋在前，为部队前进扫清障碍。

1948年11月中旬，为配合“三大战役”之一的淮海战役，西北野战军发起了冬季攻势，张富清所在的部队在陕西省蒲城县以东25公里处的永丰镇发起进攻。11月27日夜，战斗打响，战况异常惨烈，官兵伤亡惨重，“一夜之间换了3个营长、8个连长”。部队决定成立突击组，张富清又一次成为突击队员。作为突击组的成员，张富清带两名突击队员通过地道接近城墙，抠着墙砖缝隙攀上城墙。他第一个跳下4米多高的城墙，敌人迅速包围了上来，他端起冲锋枪一阵猛扫，敌人倒下一片。突然，他感觉头部被重重地砸了一下，用手一摸，头顶一块头皮翻了起来，鲜血流了满脸……顾不得自己，他匍匐逼近敌人的碉堡，用刺刀刨出一个土坑，将捆在一起的8颗手榴弹和1个炸药包放在一起，拉下手榴弹的拉环，迅速撤离。一声巨响，碉堡炸飞。趁着硝烟弥漫，他爬向另一座疯狂扫射的碉堡，用同样的方法，将碉堡炸毁。敌人多次组织反扑，张富清一直坚守，直到部队进城，永丰城被收复。到这时，张富清才注意到自己的伤情。满脸流血，流得一身都是，一块头皮被炸得老高，身上的伤一共有五处。在这次战斗中，张富清炸毁了敌人两座碉堡，缴获两挺机枪，弹药四箱。因为在战斗中表现英勇，张富清获得西北野战军甲等战斗英雄荣誉称号。

1954年，张富清从军委航空速成中学毕业。作为战斗英雄，毕业于中央军委培养高级干部的学校，张富清可以有多种转业选择：可以留在大城市工作，拥有更多发展的机会；可以回到陕西老家，给母亲尽孝。但张富清一句“党的干部，哪里需要就去哪里”，便主动选择了湖北最偏远的来凤县。

1955年，他佩戴3枚奖章，拍了一张照片，年轻的面庞露出微笑，目光中透着坚定，然后他把用鲜血换来的荣誉，用一块红布紧紧包好，放进一口棕色的旧皮箱。从武汉出发，沿着长江，顺着山路，他一路向西，来到“一脚跨三省”的来凤县。他背着收拾得整整齐齐的行囊，就像一名普通的转业军人，脚踏大地、扎根人民。

2018年底，湖北省来凤县退役军人事务局按照退役军人事务部要求，开展退役军人信息采集。信息采集员聂海波清楚地记得，那是2018年12月3日，张富清的小儿子张健全怀揣一个红布包裹，来到县退役军人事务局。当张健全小心翼翼打开包裹，聂海波顿时有了发现宝藏的惊喜。包裹里是3枚奖章，一张特等功报功书，一本记录着军一等功一次、师一等功一次、师二等功一次、团一等功一次、“战斗英雄”称号两次的立功证书。张健全的父亲珍藏一生的这些宝贝，震惊了来凤县退役军人信息采集专班的工作人员。

张富清敬礼照、报功书、立功证书（照片来源：央广网）

信息采集员聂海波回忆说:“一块红布包着一块军功章,军功章上面写着‘人民功臣’,看到这个军功章时我一下就愣住了,像这种人民功臣奖章不是一般人能够拿到的。”这些凝聚着鲜血和勇气的赫赫战功,被压在箱底60余年。因为这次信息采集需要如实报告自己的情况,张富清才将它们曝光在人前。张富清的先进事迹,充分彰显了共产党人坚守初心、不改本色的政治品格,有力弘扬了淡泊名利、无私奉献的崇高精神。

老英雄张富清的事迹和青年习近平毫不犹豫地将组织上奖励给自己个人的三轮摩托车换成手扶拖拉机和其他农业机械供村民使用的相同之处在于,他们都将成绩归于党和人民,他们心里想的只有老百姓,只有集体,唯独没有自己。他们的言行激励我们积极弘扬奉献精神,不忘初心、牢记使命,淡泊名利、砥砺前行,努力做新时代的奋斗者,为实现中华民族伟大复兴的中国梦作出更大贡献。

我们的故事

交通民警胡连军、吉德智

笔者身边的交警战友胡连军、吉德智,总是吃苦在前、危险在前,把个人的利益永远置于人民群众利益之后。

2019年6月7日在高考长虹中学考点,武汉市洪山区交通大队副大队长胡连军投入到紧张的执勤保卫工作当中。他的女儿就在这里参加高考,然而,胡连军忙于排堵保畅,没能在女儿进考场前见上一面。

本来,单位安排胡连军在洪山区马房山中学考点执勤保卫。局领导得知他的女儿在长虹中学参加高考，特批将他调过去，“在国内国外，你一直在一线保卫群众，这一次让你保卫女儿！”高考第一天，胡连军接到妻子电话，告之他女儿马上就要进入考场了，希望他过去与女儿见个面，一起给女儿鼓鼓劲。可当胡连军和同事交接好工作，穿过拥挤的送考队伍找到妻子时，女儿已经等不及，自己进入考场了。虽然近在咫尺，他还是没能当面给女儿鼓劲。

胡连军在长虹中学高考考场外排堵保畅（图片来源：长江日报）

每次谈起女儿，胡连军就有些内疚。由于工作原因，他陪伴家人的时间实在太少。他曾两次通过联合国甄选考试被公安部选派，赴利比里亚执行维和任务，因在任务区工作期间成绩突出，维和警察总监亲自颁发“嘉奖令”，又多次延期归国。胡连军曾荣立个人一、二等功各1次，三等功4次，两次被公安部授予“维和荣誉章”，两次被授予联合国“和平勋章”，还曾被授予“武汉市新长征突击手”荣誉称号。但在女儿的成长中，大部分时间他都是缺席的。高考是女儿人生中的重要时刻，妻子希望他能请假陪考。由于工作的特殊性，他选择坚守岗位。胡连军说，“虽然错过了送女儿进考场，但知道爸爸就在外面执勤守护，她会理解的。”

“60岁生日我要站好最后一班岗”。2018年3月6日，对于洪山区交通大队的老民警吉德智来说，是一个特殊的日子，这天是他的60岁生日，这也意味着值完这班岗，他就将走下他热爱的工作岗位，正式地光荣退休了！

同事们欢送民警吉德智（照片来源：湖北经视）

民警吉德智的退休生活(照片来源:湖北经视)

吉德智是武汉市洪山区交通大队车辆管理中队民警,1978年参军,2000年从部队转业从警,从一个青葱小伙到双鬓斑白的老交警,始终没变的是他身上那一股永不服输的精气神和脸上招牌式的微笑,同事们都亲切的喊他吉叔。对待工作,他从不挑肥拣瘦,一丝不苟。不管外勤还是内勤,他都毫无怨言,兢兢业业,尽职尽责。他经常说的一句话是:工作不分好坏,在哪里都可以出彩!因为临近退休,加上他已经连续多年都把陪家人过年的机会让给了同事们,2018年的春节值班,单位就没有排吉叔的班,吉叔在排班表找了几圈都没找到自己的名字,一下就急了,他向领导要求,无论如何都要让他站好这最后一班岗,因为他要和战友一起做好春运安全工作,为自己的交警职业生涯画上一个圆满的句号。

六千多个日日夜夜里,不管是雨雪风霜,还是烈日炎炎,吉德智以身作则、率先垂范,用他招牌式的微笑为群众服务着,这十八年如一日的坚持,源于吉德智坚持为人民服务的初心。

谈到退休后的生活，吉德智微笑着说："这几十年来，我的工作能取得一些成绩，离不开家人的理解和支持。退休后，我想多陪陪家人，弥补以前对她们的亏欠。"但是吉叔强调更多的是，作为一名公安交警，思想不会退休，会一直持续关注公安交管工作。

05

重情重义篇

常怀感恩之心　重情重义

马克思是顶天立地的伟人，也是有血有肉的常人。他热爱生活，真诚朴实，重情重义。

——2018 年 5 月 4 日，习近平在纪念马克思诞辰 200 周年大会上的讲话。

有一颗感恩的心很重要，所有的人都要有感恩的心。希望福利院的孩子和祖国其他孩子一样健康生活、幸福成长。这是我们最大的愿望。我向福利院所有职工致以新春祝福，你们很辛苦，做的事情积善积德，很有意义，党和政府、人民都感谢你们。

——2014 年 1 月 28 日，习近平来到呼和浩特市儿童福利院看望残疾儿童时这样说。

我是在这样的氛围中耳濡目染走过来的，工作过的很多地方都是老区，对老区的感情是很深厚的。我们对脱贫攻坚特别是老区脱贫致富，要有一种责任感、紧迫感，要带着感情做这项工作。

——2019 年 5 月 20 日，习近平来到中央红军长征的出发地江西于都时这样说。

感恩之心

大沟小河断流了，
山山峁峁着火了，
五谷苗子晒焦了……
女人们哭，男人们喊，
老汉、娃娃跪下一河滩，
龙王爷哟，降甘霖，
龙王爷哟，救万民！

春天把希望的种子小心翼翼地播进黄土，然而收获的往往是肆虐不羁的秋风……这首"祈雨歌"，和梁家河的乡亲们一起，沉甸甸地印在习近平的脑海中。他人虽然离开了梁家河，但心却永远留在那里。

在习近平少儿时期，父亲就教育子女们说："对人，要做雪中送炭的事情。"他还不止一次教导孩子们："雪中送炭惟吾愿。""雪中送炭"的待人情怀不但贯穿了他父亲的一生，也从小给子女们树立了一生待人的准则。

乡亲们的好，以及父亲的教导，让习近平常怀感恩之心，常做送炭之事。

重情，不忘曾经帮助自己的恩人。

重义，反哺人民播洒大爱。

1975 年 10 月 6 日，在习近平离开梁家河的头天晚上，习近平和全村父老乡亲话别。他说："我来咱梁家河这七年的时间，学会了很多东西。咱梁家河的群众无私接纳我，帮助我，让我在这里步入社会，入团、入党、当村支书。我从这里出发，返城上大学，梁家河给我的一切，我一辈子都不会忘记。"

他在自己住的窑洞里同青年社员王宪平谈心说："黑子（王宪平的小名），我饿了，乡亲们给我做饭吃；我的衣服脏了，乡亲们给我洗；裤子破了，乡亲们给我缝。咱梁家河人对我的好，我永远都记着。"[①]他真的把老百姓当成自己的亲人。他不仅了解老百姓的疾苦，而且对老百姓有深厚感情。

在梁家河，有乡亲介绍，当年习近平既重情重义，办事又坚持原则，十分耿直。有一次，队里的拖拉机需要拉到县城维修，维修时，村民梁玉忠买了 3 包两毛钱的烟，用于请人帮忙抬机器，回来后来报销，因为不符合队里规定，习近平坚决不同意报销。不久后，梁玉忠的父亲病重，习近平自掏腰包买了 3 斤肉去看望。在那个一年难得吃上一次肉的年代，这件事让梁玉忠一家十分感动。

习近平是一个重情重义的汉子，不论是教他种地的生产队小队长，还是同住一孔窑洞的房东大哥；不论是培养他入党的老党员、大队干部，还是帮他打抱不平，仗义执言的知青专干，他都以一份真诚的感恩之心怀念着。离开梁家河 40 多年里，一直同他们保持着个人联系。离开多年后，他还一直为村里通电、通路操心，为村民的扶贫办学尽力，他一直把自己当成梁家河村的一员。

1987 年 7 月，担任厦门市副市长的习近平接待了从延川县文安驿镇来的 3 个老乡：文安驿镇党委书记杨世忠、梁家河村支书梁玉明、镇供销社主任乔生辉。习近平白天在单位工作，晚上多次陪同文安驿来的乡亲，联系了厦门当地的企业家与文安驿

---

① 见《习近平的七年知青岁月》，中共中央党校出版社，2017 年第 1 版，第 225 页。

鹿厂进行合作洽谈。

得知乡亲们反映梁家河还在靠煤油灯照明，没有动力，没有通电后，习近平专门给延川县委书记白崇贵写了求助信，引起县委县政府的关注和重视。县里拨出20万元专款，解决了梁家河的供电问题。梁家河从此告别了煤油灯，用上了电灯，全村老少十分感激，念念不忘。①

后来，梁家河村想办一所学校，解决本村子女就近入学的问题，但苦于没有资金，时任村党支书记梁玉明找到习近平，当时习近平已提拔调任福建省委省政府工作。他听到村里孩子入学困难后，十分焦急，多方协调，联系了一个慈善机构，取得他们的支持，出资给梁家河村办了一所希望学校，有9个教室，容纳100多位学生，解决了村里孩子的入学困难。

学习与思考

要雪中送炭

习近平离开梁家河后开始了他新的人生旅程。从此，他把人生起步时期梁家河乡亲们对他的关爱和帮助，反哺、转化、提升到对梁家河、对延安、对革命老区、对全体中国人民的无限热爱之中。在960万平方公里的神州大地，他播撒大爱，让爱的阳光照耀老区百姓、贫困地区的群众和孩子们。

2019年5月31日，“不忘初心、牢记使命”主题教育工作会

① 见《习近平的七年知青岁月》，中共中央党校出版社，2017年第1版，第178页，第181页。

议在北京召开，习近平总书记出席会议并发表重要讲话，对主题教育作出部署。延安、井冈山老区苏区孕育了中国革命，是中国共产党的初心之源。出身于革命军人家庭，成长在陕北黄土高坡的习近平总书记有着深厚的“老区情怀”，“红色基因”融于血脉。

多年来，习近平不但时刻牵挂着老区发展和老区人民的生活，更频繁地踏上红色大地，汲取治国理政的智慧和营养，思考中国共产党的使命与担当。党的十八大后仅一个多月，习近平就到革命老区河北省阜平县考察。零下十几摄氏度的严寒，20多个小时，往来奔波700多公里，习近平走访了两个贫困村，给老区人民送去温暖。

阜平曾是晋察冀根据地首府，聂荣臻元帅等老一辈革命家在这里战斗和生活了十多年。有一次，聂帅了解到乡亲们生活还没有明显改善，流着泪说了一句，“阜平不富，死不瞑目”。还在福州工作时，习近平就听说了这件事，深受感动，从此深深记住了聂帅这句话。

多年来，福建古田、河北阜平、山东临沂、陕西延安、贵州遵义、江西井冈山、安徽金寨、山西吕梁……习近平地方考察的足迹遍及各个革命老区，他始终关注和思考着当地经济社会发展特别是困难群众的脱贫致富问题。习近平说：“对这个问题，我一直挂在心上，而且一直不放心，所以经常讲这个问题，目的就是推动各方面加紧工作。”

从黄土高坡到雪域高原，从西北边陲到云贵高原，全国14个集中连片特困地区，习近平都去了，他对贫困群众深深牵挂。“人民对美好生活的向往，就是我们的奋斗目标。”这是习近平对人民作出的庄严承诺。

到2020年我国要实现全面建成小康社会的目标，难点就在集中连片特困地区，这些地区多是革命老区、民族地区、边疆地区，基础设施和社会事业发展滞后，生态环境脆弱，自然灾害频发，贫困人口占比和贫困发生率高，人均可支配收入低，脱贫任务重，越往后脱贫成本越高、难度越大。2011年《中国农村扶贫开发纲要（2011—2020年）》，作为一个时期我国扶贫开发工作的纲领性文件，其中的第十条明确指出，六盘山区、秦巴山区、武陵山区、乌蒙山区、滇桂黔石漠化区、滇西边境山区、大兴安岭南麓山区、燕山一太行山区、吕梁山区、大别山区、罗霄山区等区域的连片特困地区和已明确实施特殊政策的西藏、四川藏区、新疆南疆三地州是扶贫攻坚主战场。

我们的故事

社区民警夏清良

笔者的同城战友夏清良，是武汉市公安局东湖新技术开发区分局铁箕山派出所一名社区民警。他自幼家境贫寒，是国家的人民助学金资助他完成了学业，走上了人民警察的岗位。带着对党的感激之情，他用一颗感恩的心，回报国家、回报社会，回报他接触到和服务过的每一个群众。

自从担任中南民族大学的社区民警之后，他就与中南民族大学的少数民族学生结下了不解之缘，被学生们亲切地称为"夏爸爸"。除夕之夜，夏清良将3位留校过年的藏族学生接到家中吃团圆饭；正月初一，也是藏历新年，夏清良又特意来到学校，和藏族学子一起跳锅庄舞，并给他们送上新年祝福和压岁红包。

1. 学生被偷被骗，出力出钱点燃希望

“2 月 21 日，那个受骗的藏族女孩的爸爸专程赶到武汉向我道谢。”夏清良说。藏族姑娘小云 2016 年考入中南民族大学，由于涉世未深，大二上学期陷入网上骗局，不但生活费被骗光，还欠下大笔债务。接到报案后，夏清良第一时间赶到保卫处，并替藏族姑娘的父亲出面依法依规与催债方交涉。

像小云这样遭遇骗局的还有壮族姑娘小珍。2014 年开学第一天，她就被一个假冒的“辅导员”骗光了打工攒下的 3000 元生活费，泪眼婆娑中，她看见了宿舍门口夏清良的电话号码，抱着最后一丝希望，她发去求助短信：“夏警官，我被骗了，身无分文了，怎么办?”

夏清良立即找到正不停抹眼泪的小珍，拿出 3000 元塞到她手里，“你先用着，别着急。”次日，他联系协调学校，帮小珍申请贫困生救助金。4 年来，夏清良每个月都从工资中拿出数百元生活费补贴给小珍。四年后，完成学业、成绩优秀的小珍找到了合适的工作，对未来充满希望。

夏清良（中）和他帮助过的少数民族学生（照片来源：人民日报）

2. 倾囊 10 多万元，资助 26 名贫困学子

“过去，我看别人的爸爸经常带孩子出去旅游什么的，特别羡慕。”夏清良的女儿夏娴说，“一次偶然机会，我知道爸爸为什么这么‘忙’，我为爸爸感到骄傲！”

2017 年夏，“夏爸爸”和他的“孩子们”在中南民族大学校园内（照片来源：荆楚网）

那时夏娴还在上大学，“夏爸爸”请一位男孩子到家里做客，闲聊中夏娴才知道，这么多年来，爸爸资助了不少像他这样的少数民族贫困学生。自己上大学，爸爸每月给 300 元生活费；对资助的学生，也是给二三百元；有特殊困难的，甚至给 500 元。过年时，有些学生心疼路费，舍不得回家过年，“夏爸爸”还给他们买上火车票，送他们回家。

粗略算起来，“夏爸爸”这些年拿出了 10 多万元，资助了 26 名少数民族学生。这笔钱，对夏家来说可不是小数目。夏清良的妻子唐祝英 35 岁就在家病休，起初每月只领取 100 多元生活费，直到 2011 年正式退休，生活费也才增加至 600 多元。

夏清良说：“中南民大的学生很大一部分来自贫困地区，有的贫困生买一两个馒头，就着食堂的免费汤就是一餐饭。相比他们，我们的条件算好了。”从小家境贫困的夏清良，对这些孩子的境遇感同身受，总想在力所能及范围内多帮助他们。

2018 年春节夏清良与留校少数民族学生共度佳节（图片来源：荆楚网）

3. 同各民族学生打成一片，片区连续 17 年平安

中南民族大学有师生近 3 万人，其中少数民族学生达 60% 以上。各民族学生的宗教信仰、风俗习惯等各不相同，要避免矛盾冲突、实现各民族团结共处，就必须下一番苦功夫。

“要维护好辖区的治安，就必须和各民族的学生打成一片，让他们信赖你、支持你。比如有的少数民族学生爱喝酒，酒后容易情绪失控，自从我和他们交上朋友之后，酒后闹事的越来越少了。”夏清良说。

2015 年 6 月的一天，维吾尔族学生帕鲁克在给电瓶车充电时与另一名学生发生纠纷，一时冲动将对方打伤。受伤学生家长强烈要求追究刑事责任，并要求赔偿医药费 2 万元。“我们都是做父母的，不能因为这一件事毁了孩子的一生。”夏清良与受伤学生家长反复沟通，终于说服对方不再追究帕鲁克的刑事责任，并将赔偿金降到 5000 元。帕鲁克流着泪对夏清良深深鞠了一躬……

夏清良引导学生互相尊重民族习惯，相互包容、和睦共处，并探索出一套行之有效的调解矛盾纠纷的办法。中南民族大学已实现连续 17 年无重大刑事案件、无矛盾纠纷升级为敏感事件的发生。

夏清良从2001年起担任中南民族大学责任区民警。其间，他用有限的工资，默默资助26名少数民族贫困大学生完成学业。铁箕山派出所所长钟建林介绍，2016年，所里考虑到夏清良已经55岁了，准备把他调至任务相对轻松的辖区。没想到，还没办手续，得知消息的师生在校园网发帖“挽留夏警官”，数千人跟帖。校领导和教职员工盛赞他“不是老师，却树立了师德标杆，把‘团结’写到了少数民族青年的心坎上”。最终，夏清良留了下来。

2019年10月22日，被中南民族大学困难学子亲切称为“夏爸爸”的社区民警夏清良，被公安部授予“全国公安系统二级英雄模范”称号。

公安部颁奖命令指出：从警38年来，夏清良一直战斗在公安基层一线，始终兢兢业业、埋头实干，忠实履行人民警察神圣职责，在平凡岗位做出了不平凡的业绩。特别是2001年担任中南民族大学社区民警后，他把学校当家，把师生当亲人，全心全意守护校园平安，关心关爱少数民族学生，殚精竭虑维护民族团结，不遗余力促进社会和谐，为广大学子创造平安温暖的学习和生活环境。夏清良的感人事迹，赢得社会各界广泛赞誉。

为民解难　扶危济困

为民服务解难题，重点是教育引导广大党员干部坚守人民立场，树立以人民为中心的发展理念，增进同人民群众的感情，自觉同人民想在一起、干在一起，着力解决群众的操心事、烦心事，以为民谋利、为民尽责的实际成效取信于民。

——2019年5月31日，习近平总书记在“不忘初心、牢记使命”主题教育工作会议上这样强调。

守望相助、扶危济困是中华民族的传统美德。要研究借鉴其他国家成功做法，创新我国慈善事业制度，动员全社会力量广泛参与扶贫事业，鼓励支持各类企业、社会组织、个人参与脱贫攻坚。同时，要引导社会扶贫重心下沉，促进帮扶资源向贫困村和贫困户流动，实现同精准扶贫有效对接。

——2015年11月27日至28日，习近平在中央扶贫开发工作会议上的讲话。

榜样的故事

“我这条命，可是近平救下的！”

在梁家河大队插队7年，习近平和这里的老乡建立起深厚的感情。他很喜欢小孩，经常同房东的娃娃一起玩，几个娃娃都跟他感情非常好。1975年，习近平要到北京上大学了，当他离开的那个早晨，全大队的社员自发来送行。离开村子的时候，房东刘金莲的大女儿，拉着习近平的衣服一直哭着，不让他走。

梁家河大队的老老少少，家家户户都受过他的照顾。他将自己的玉米团子与乡亲分享，他把绣有“娘的心”的针线包给张卫庞，他把自己卷的“大炮”烟让灵娃抽[①]，他把自己的书给老乡看，他还给老乡们讲北京、讲外面的世界……陕北的老乡也把他当作家人一样，家家户户也以自己的方式照顾习近平，哪家有啥好吃的，都想着“给近平端点去”。

吃水不忘挖井人。2015年，习近平带着夫人彭丽媛来到梁家河，向乡亲们介绍说：“这就是我的婆姨。”当时正好是春节，他给每家每户都带来一份年货，为每家带来了面粉、食用油、十几斤肉，一副春联。[②]

习近平的另一个房东叫吕侯生。1994年吕侯生修建窑洞

① 见《习近平的七年知青岁月》，中共中央党校出版社，2017年第1版，第21页。

② 见《习近平的七年知青岁月》，中共中央党校出版社，2017年第1版，第277页。

的时候，窑洞顶上掉下来一块石头砸了右腿，没有及时治疗，右腿后来就患上了骨髓炎，这时病情已经严重了，为了治疗他花光了所有的积蓄，还欠了很多外债，还是没治好。病情一天比一天严重，后来已经不能站立，需要拐杖才能勉强支撑。再不治疗，就要垮了，恐怕活不了多久，妻子儿女怎么办呀？走投无路的吕侯生想起了在自己家的窑洞住过的北京知青习近平。他给正在福建工作的习近平写了一封信求助。没想到几天后，习近平很快直接寄来了500块钱的路费，让吕侯生到福建省福州去治病。接到汇款的时候，吕侯生特别感动，眼泪都快流出来了。[①]

吕侯生第一次离开梁家河，第一次出远门，他从延安市坐上了开往福州的火车。习近平很快联系好医院，让吕侯生住进去。几个月的住院医治，只要不下乡不出差，习近平差不多每天晚上都到医院陪伴着他。有时候，吕侯生心里觉得不安，问起医疗费的事情，习近平安慰说："侯生，给你治病，花多少钱我都愿意。"一直到吕侯生的腿恢复不错，可以出院了。

习近平用自己私人的钱为吕侯生垫付了几万元的全部医疗费。

回到梁家河又过了几年，吕侯生病情再次复发，1999年10月底，他自己到山西做了截肢手术，习近平知道后又帮他支付了所有的医药费。习近平2015年这次来梁家河，特地拉着他的手说："侯生，你大难过去了，咱们一起合影，留个纪念吧。"吕侯生一家人聚在一起的时候，他都会对儿女说："我这条命，可是近平救下的。"

知青生活的这7年，深深地印在了习近平的脑海之中。这7年，是习近平人生观、价值观形成的重要时期。这7年，习近平收获了一生中最大的财富。他不能忘记梁家河的老乡，他也

① 见《习近平的七年知青岁月》，中共中央党校出版社，2017年第1版，第269页。

忘不了梁家河的老乡，梁家河已融入了他的血液与精神之中。给吕侯生治病，只是他回报老乡们的一个缩影。他还要服务更多的和吕侯生一样的普通老百姓。

学习与思考

患难相济

扶危救困、排忧解难是中华民族的传统美德，也是中国共产党人全心全意为人民服务的具体行动，在古今中外都受人推崇和认同。莎士比亚说过："朋友间必须是患难相济，那才能说得上真正的友谊。"

习近平知青岁月与当地农民结下了纯真、朴实、美好的深情厚谊。40多年过去了，他把对梁家河老乡的爱铭刻在自己的心里，及时为他们雪中送炭。同时他身体力行把这种情谊回馈给更多、更需要的群体，回馈给全中国的老百姓。2017年7月19日，全国信访工作会议上，习近平谆谆告诫："各级党委、政府和领导干部要坚持把信访工作作为了解民情、集中民智、维护民利、凝聚民心的一项重要工作，千方百计为群众排忧解难。"推动和倡导全党全国将扶危救困、排忧解难的优秀传统发扬光大。

公安交警的一天

笔者所在的武汉市公安局洪山区交通大队承担着武汉市面积最大的一个城区的交通管理任务，洪山区交警和辅警每时每刻扶危救困、排忧解难，及时快速地解决群众现实需求，在广大市民群众中树立了良好形象。

洪山区交通大队管辖面积达 228 平方公里，为中心城区之首，有道路 287 条，道路总长 415 公里，其中主干道 36 条。管理在籍机动车 46.3 万辆，其中大型客货车 3946 辆，管理在籍机动车驾驶员 67.6 万人，在籍机动车数量和机动车驾驶员数量双双居于全市第一。洪山区是闻名遐迩的大学之城，有高校 37 所，校区 42 个，在校学生 63 万余人。辖区交通枢纽众多，东有武汉火车站、杨春湖汽车站，西有武南机务段、青菱物流，一环、二环、三环和地铁 2 号、4 号、7 号、8 号线都从辖区经过，交通环境复杂。

洪山辖区交通因“主动脉”少、学校多、施工项目多，交通出行呈“潮汐式”（早出晚归车流集中、量大）、“季候式”（寒暑假期间交通流量平稳）、“建设式”（大型工程多，对交通出行影响大）特点。

洪山辖区常态堵点为街道口周边，早晚高峰还有尤李村路口、壕沟路口等，逢重大节假日白沙洲大道沿线由于配套建设未完成也会发生拥堵。受限于“主动脉”唯一、施工项目多、部分道路规划未成形等诸多客观存在的原因，给居民带来出行不便的同时，也给我们大队带来了较大的交通管理压力。

洪山大队依托武汉市局智慧出行、智慧交通系统主动作为，做好快速发现、及时处置、快撤快赔，以及智能信号灯的建、管、控工作。大队成立了信号灯工作专班，将以前的普通信号灯逐步更换为先进的智能信号灯，目前辖区智能信号灯覆盖率达77%，大部分道路均已实现远程调控，不仅杜绝了民、辅警手动控制，还可着眼区域性交通情况进行“绿波带”式放行，缓解区域性拥堵。

针对辖区管辖面积大、警力不足的困难，大队建立并首推“小快骑”勤务机制，高峰时段不间断巡逻，接受大队指挥室一级调度，实现扁平化指挥，做到突发警情“快到、快排、快通”，最大限度减少交通事故、故障车辆对正常交通流的影响，为市民出行创造有序、通达的道路交通环境。

每天接受群众请求帮助的报警多起，在居民群众困难和危险的时候，我们的交警第一时间会赶到群众身边，及时帮助受困群众，扶危救困、排忧解难的真实故事时刻都在上演。

1. 毒蛇咬伤生命垂危，洪山交警生死时速

胡某兰60岁，家住湖北省黄冈市罗田县骆驼坳镇涂家湾。2018年6月1日上午11时许，胡某兰像往常一样在自家菜地里干活，突然感觉抓住了一个冷冰冰的东西，右手食指瞬间传来一阵钻心的疼痛，她本能地缩回手，一条长有红褐色花纹的蛇被拽了出来。这种蛇被当地人称为“土地婆”。胡某兰慌忙甩手，“土地婆”一松口滚入草丛中不见了。胡某兰低头一看，食指上留下几个细小的齿痕。

“糟糕，被蛇咬了。”胡某兰赶紧握住伤口，前往乡镇卫生院救治。医护人员检查后发现，咬伤胡某兰的是一种蝮蛇，有剧毒，必须尽快注射抗蛇毒血清治疗，否则有生命危险，但乡镇卫

生院没有抗蛇毒血清。眼看着胡某兰意识逐渐模糊，中毒症状越来越重，医生建议胡某兰家属赶紧转到武汉的大医院进行治疗。家人闻讯，立即开车将胡某兰送往武汉的大医院救治。途中经多方打听，得知广州军区武汉总医院储备有抗蛇毒血清，但因对武汉市区道路不熟悉，心急如焚的家属拨打122向警方求助。

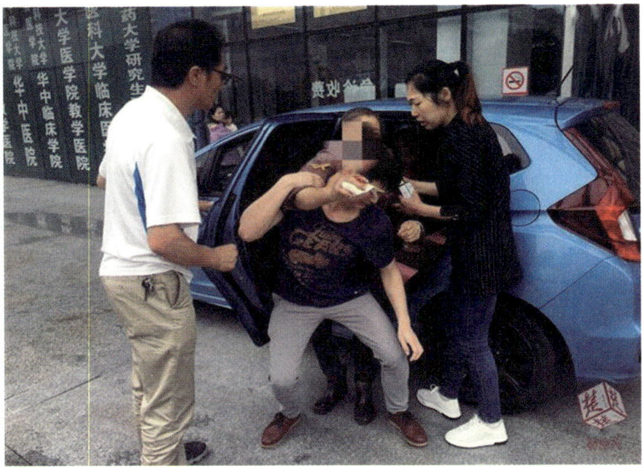

六旬太婆被毒蛇咬伤生命垂危，洪山交警上演"生死时速"大救援（图片来源：荆楚网）

生命救援，刻不容缓。下午1时许，洪山区交通大队接到报警后，提前安排一中队快骑队员驾驶警用摩托车，在高速出口龚家岭收费站闪灯等候。求助车辆到达出口处，快骑队员迅速在前方开道将其送往医院。为保证伤者能及时得到救治，快骑队员一边拉响警笛一边喊话提示车辆避让，洪山区交通大队指挥室根据视频监控通知沿线路口交警临时调整信号灯配时，迅速放行，在拥堵的车流中上演了一场"生死时速"。警车开道全程约16公里，仅耗时17分钟。最终，快骑队员护送伤者及时赶到了医院急诊中心。昏迷的胡某兰经过紧急抢救，脱离了生命危险，其家属专门打电话向洪山区交通大队致谢。"多亏了警察同志帮助，才能及时赶到医院，不然后果不堪设想，太感谢他们了！”胡某兰家属说道。

2. 警车开道护送孕妇就医

2019年5月4日下午5时42分，洪山区交通大队快骑机动队队员伍志豪、李圻在三环线青王路路段巡逻时，突然，一辆白色越野车狂按喇叭冲到警用摩托车侧前方，司机市民鲁先生满脸焦急地求助说：“警察同志，帮帮忙！我爱人羊水破裂，导航显示前面道路拥堵，你们快救救她！”

两名交警一看，越野车副驾驶位置上，一名孕妇满头大汗，正在痛苦地呻吟。他们询问得知，车主鲁先生家住青山区，正要送临产的妻子前往洪山区卓刀泉南路的一家妇产医院生产。由于正值小长假返程高峰时段，三环线车流量非常大，车辆通行较为缓慢。而此时孕妇羊水已破，身体非常虚弱，情况十分危急。

时间就是生命，来不及多想，两名交警马上通过随身电台向大队指挥室报告，并跨上大功率警用摩托车，打开警灯拉响警笛，在越野车前方开道。同时，洪山区交通大队指挥室通知沿线执勤人员及时调整信号灯配时，为孕妇车辆打开一条绿色生命通道。从三环线到医院约有十余公里，节假日返程高峰期至少需要30分钟，在交警一路警车护送、绿灯放行下，仅用时10分钟便顺利抵达医院。

当天下午5时52分，到达医院门口后，为争取抢救时间，伍志豪、李圻迅速找来轮椅，陪同鲁先生将孕妇送进产房。“今天多亏有你们，真是太感谢了！”鲁先生握着快骑队员的手多次表示感谢。在确认孕妇情况稳定后，两名交警迅速返回路面，继续对辖区道路进行保畅工作。由于送医及时，鲁先生的妻子转危为安。

3. 救助淹水轿车

2018年2月28日清晨，一辆灰色日产小车（鄂A01××7）因冲进南李路板桥村一铁路涵洞下的深水中熄火，司机无法推开车门，报警求助。“警察吗？快来！车里都进半车水了！”6时50分，武汉洪山区交通大队接到司机报警。由于报警男子错误估计了涵洞的积水深度，他驾驶的车辆被困在南李路板桥村一铁路涵洞下，无法打开车门，被困于小车内。

经过现场勘查，交警发现涵洞积水足有1米多深，民警为了防止其他车辆误入，立刻实施临时交通管制，同时设法营救被困人员。涵洞水深已经将近车窗高，由于车内密闭，车外全是水，司机无法推开车门。民警组织抽水泵排水，水位降低后，车门打开，冻得发抖的驾驶员获救。

4. 一天两个救援

2019年4月9日上午8时10分，“我车上有一名孕妇，羊水已经破裂，急需赶往街道口省妇幼就医！”洪山交通大队122指挥室接到市民郭先生求助，称驾车被堵在雄楚高架石牌岭附近。正值早高峰，又遇上大雨，路面车流量大，车辆通行缓慢。接警后，大队指挥室立即通过城市监控锁定郭先生车辆所在位置，通知沿线二中队警力调整信号灯配时。交警为孕妇打开了一条绿色通道。8时30分，该车顺利抵达医院。

无独有偶，当天上午8时15分许，洪山交警又接到一起报警求助。家住江夏的倪先生一早出门，行驶到野芷湖大桥时，突然肾结石发作，疼痛难忍，倪先生将车缓缓停靠在路边，报警求助。洪山区交通大队接警后，立即安排附近的民警赶往现场。民警到场后，只见一辆黑色越野车停在野芷湖大桥下桥处的应急通道上，驾驶室躺着一名男子，面色苍白，满头大汗。为让患者尽快就医，民警当机立断将倪先生扶下车，安排“汉警快骑”队员黄波驾驶摩托车将他送往医院。不到15分钟，民警顺利将倪先生护送到医院。经检查，倪先生是结石滑入输尿管内引发疼痛。帮倪先生办好就诊手续，通知其家人之后，民警杨兵、快骑队员黄波才离开医院。

5. **救助女司机**

2019年5月13日早上8时20分许，洪山区白沙五路，周一早高峰时段，洪山区交通大队三中队辅警彭自瑾驾驶摩托车沿线巡逻时，发现一辆灰色小轿车打着双闪斜停在行车道上，过往车辆纷纷避让，车旁还有几名群众围观。“难道有交通事故发生吗？”彭自瑾立即停车上前查看，只见一名女司机躺在驾驶室座椅上，双眼紧闭，脸色苍白，表情痛苦。

彭自瑾透过车窗，询问驾驶员是否需要帮助。听到声音，女司机微微睁开双眼，用微弱的声音回答：“我头很晕，开不了车……”彭自瑾立即用电台向中队指挥室报告，并通知120前来救援。正在附近执勤的三中队中队长孙军迅速赶到现场，经简单询问，得知驾驶员田女士行车途中突发晕厥，民警随即根据田女士提供的信息联系上其家人。民警一边关注田女士病情，一边对现场交通进行疏导。

2017年6月21日，武汉公安英模事迹报告会在武汉剧院隆重举行。报告会上，7名优秀公安英模代表感人肺腑、催人奋进的故事感染了全场千余听众。一位市民群众听完报告情不自禁地走上前对公安英模们说：“你们是江城的骄傲、汉警的魂！”（照片来源：江城警讯）

约 10 分钟后，120 救护车赶到现场，民警协助将田女士抬上救护车，送往湖北省人民医院治疗。出于安全考虑，彭自瑾陪同田女士前往医院，帮她办理好就诊手续。经医生诊断，田女士系颈椎压迫神经引起的突发性眩晕，发病时情况比较危急，幸好送治及时。经输液治疗，她的症状得以缓解。待田女士家人到达医院后，彭自瑾才离开，返回路面继续工作。

正是由一个个普通的民警的一点一滴的工作，保一方平安、护万家幸福。他们共同铸就了江城的骄傲、汉警的魂。

奉献爱心　大爱无限

新年之际，我最牵挂的还是困难群众，他们吃得怎么样、住得怎么样，能不能过好新年、过好春节。我也了解，部分群众在就业、子女教育、就医、住房等方面还面临一些困难，不断解决好这些问题是党和政府义不容辞的责任。全党全社会要继续关心和帮助贫困人口和有困难的群众，让改革发展成果惠及更多群众，让人民生活更加幸福美满。

——2017 年新年前夕，习近平发表二〇一七年新年贺词时指出。

我国将每年 10 月 17 日设立为“扶贫日”，并于今年第一个扶贫日之际表彰社会扶贫先进集体和先进个人，进一步部署社会扶贫工作，对于弘扬中华民族扶贫济困的传统美德，培育和践行社会主义核心价值观，动员社会各方面力量共同向贫困宣战，继续打好扶贫攻坚战，具有重要意义。

——2014 年 10 月 17 日，习近平总书记在设立首个“扶贫日”之际作出的批示。

仁爱浸润岁月

在陕北插队的某一天，习近平和同队知青雷平生一起到文安驿公社赶集。那时候习近平每晚熬夜用煤油灯看书，原计划去买煤油和便宜的羊群牌香烟（20 世纪 70 年代，宝鸡卷烟厂生产的一种最便宜的香烟，九分钱一盒）。刚到公社院子门口，有几个老乡告诉他们，有一个要饭的老汉，从绥德、米脂一带乞讨过来，很是可怜。习近平按照老乡的指引，来到集镇上，找到这个衣衫褴褛的老人。交谈中，他得知这位老人早年参加过革命，现在生活十分困难，衣食无着，万般无奈才乞讨至延川文安驿。稍作核实，习近平就把身上的钱、陕西省粮票、全国粮票全部掏出来，最后还把身上的外套脱下来，全部给了乞讨的老人。[①]

在那个物资极度匮乏的年代，粮票很重要，没有家里的支援，习近平的钱和粮票并不多，只够自己一个月的口粮和生活用品，给了别人就意味着自己要饿肚子，连煤油和烟也买不了了。那时是农历九月份，陕北已经开始冷起来，习近平竟然把衣服脱下来给了乞讨的老大爷，自己面对阵阵寒风。

目睹了这个场景的雷平生非常感动，他为习近平在自己身处困境之时，还能够对一个乞讨的老人“解衣推食”，感佩得五体投地，深深折服于习近平的人格与胸怀。他多问了一句“老汉说

① 见《习近平的七年知青岁月》，中共中央党校出版社，2017 年第 1 版，第 28 页。

他参加过红军，不会骗你吧？”习近平坦然一笑：“我现在就是一个普通农民，他骗我什么？他不会骗我的。”雷平生更加肃然起敬，习近平对贫困老人的理解、信任，表现出古人“岂曰无衣？与子同袍”的情怀，将自己的一切倾囊相赠。

有一次，大队干部赵胜利和习近平一起到冯家坪公社去开会，走到半路上，遇到一位年过七旬的老人，弓着腰很吃力地拉着架子车。这位老人叫冯俊德，习近平走上前对他说：“老大爷，您这么大年纪，还能拉得动车？”冯俊德说：“能成！”习近平毫不犹豫地去把车接了过来，拉起来就走。当他知道习近平就是习仲勋的儿子后，逢人就讲“习仲勋的儿子帮我拉车”的事情，很兴奋、很自豪。[①]

当时村上有个“二流子”，五十多岁的人，不务正业，偷鸡摸狗。村委会主任梁玉明教育他说：“你不改正这毛病，你就不是一个好社员！”可是这个人就是屡教不改。有一次，他偷队上的葱被抓住了，就被定为“管制分子”。那个时候，对这样的人的管理规定是很严厉的，要把他关起来，还要开社员大会，给他头上戴个帽子，轮流对他进行批判。当时农村批判人，其实就是轮流骂他，骂他个狗血淋头。批判会上，习近平和雷平生也参与了。但是对这个“二流子”，习近平没有说一句侮辱人格的话，而是以平和的态度，给他讲道理，对他进行开导和教育。社员上去骂“二流子”的时候，“二流子”低着头，闷着声不吭气。习近平没有骂他，而是一条一条地给他讲道理，教育他改正错误，“二流子”听了直点头。在批判会上，被批判对象是没有权利说话的；见他点头了，习近平和雷平生就说：“那你唱个信天游吧！”“二流子”就高高兴兴地唱了一曲，唱得又高亢又嘹亮。批斗下来之后，“二流子”说：“我老汉以后要向北京的娃娃学习，可不敢再偷了。”经历了这件事，村里人都竖起大拇指说：“北京来的娃娃

---

① 见《习近平的七年知青岁月》，中共中央党校出版社，2017年第1版，第305页。

行！”

事后，习近平对梁玉明说：“他只是犯了一些毛病，完全可以改过来，还是可以团结的人嘛。咱们应该以教育为主。”果然，这个屡教不改的“二流子”，经过和习近平的几次交谈，很快就有所转变。从那以后，这个人再也没有偷鸡摸狗、不务正业，而且开始好好劳动，成了村里的一名好社员，跟习近平也成了好朋友。[①]

从这件事情上，大家很佩服习近平，懂得做工作说到底还是做人的工作。你想想，这个“二流子”已经五十多岁了，屡教不改，一直犯错误，村里人都讨厌他。但是习近平做工作的出发点很公道，也很平等，他不是出于主观情绪，也不是出于成见，而是给予别人必要的尊重，把思想教育工作做到人心里去。习近平尊重人，团结人，有很好的工作方法，很了不起。

习近平还能够坚决地纠正干部的错误，他当支书的时候，前队有个年轻后生，是队里开拖拉机的，后来被选为生产队长。但是生产队长要负责安排全队的生产工作，要吃苦在前，比较劳累，而开拖拉机又风光又轻松，他在思想上有些转不过来，还是想接着开拖拉机。那个年代的农村生产，社员本身没什么自主性，关键就要靠生产队长带头。什么时候种，什么时候收，在农业上生产队长必须是行家，还要能吃苦，负责任。所以，遇到好的生产队长，农民就过得好一点，生产队长不着调，农民就得饿肚子。习近平耐心细致地给他做工作，每天早上让他来汇报一次思想情况，看看他有没有想通。连续跑了三四个早上之后，他觉得习近平作为村支书，又是外地来的知青，对村里的事情这么操心，受到了感动，认为自己作为村里人，更应该努力搞好生产队的工作，慢慢地就在思想上转过弯来了，踏踏实实地当上了生产队长，而且干得可好了。

习近平插队的 7 年，是爱的阳光普照的 7 年。无论是爱，抑

① 见《习近平的七年知青岁月》，中共中央党校出版社，2017 年第 1 版，第 166 页。

或被爱，他在陕北那巍峨而崎岖的高原上，任爱润湿着岁月，也任爱沉淀着岁月。他将这种以人民为中心的爱，融进了他一生的情感和信仰。

他对素不相识的老人不嫌弃，对不务正业的后进人员不丢弃，对思想一时转不过弯的干部不放弃。他的行动，就是将爱洒播在黄土高原上，用爱凝聚人心，用爱驱赶愚昧，用爱创造美好生活。

学习与思考

弘扬传统美德

很多生活在社会最底层的人和困难群众，尽管卑微却不卑贱，尽管贫困却不贫贱。他们勤勤恳恳地劳作，安安分分地生活，让我们更多地看到了他们的善良、无私、坚强。他们是在艰难生活中平凡而又不平凡的人。

2018 年 12 月 31 日，习近平总书记在 2019 年新年贺词中饱含深情地说："这个时候，快递小哥、环卫工人、出租车司机以及千千万万的劳动者，还在辛勤工作，我们要感谢这些美好生活的创造者、守护者。"

2019 年 2 月 1 日，在 2019 年农历春节到来前夕，习近平总书记在北京看望慰问基层干部群众时，还曾到前门石头胡同的快递服务点，看望仍在工作的快递小哥，询问他们工作生活情况，并祝他们春节快乐。习近平总书记指出：快递小哥工作很辛苦，起早贪黑、风雨无阻，越是节假日越忙碌，像勤劳的小蜜蜂，是最辛勤的劳动者，为大家生活带来了便利。

关心、帮助社会最底层的人和困难群众既是政府的职责，也是全社会的责任。只有大家一起来关心他们，才会形成良好的社会氛围，才能促进社会的不断进步，不断走向公平与正义。脱贫攻坚和社会救助，已经成为党和政府帮助困难群众的有效方略。

“小康路上一个都不能少”，让最底层的人和困难群众能够感觉到社会大家庭的温暖阳光，他们可以感受到社会并没有抛弃他们，全国人民都在关心他们，帮助他们，支持他们。我们的社会会变得更加和谐美好。

梁家河乡亲贫困的状况一直铭记在习近平的脑海里，无论岁月如何洗刷，随着他肩上担子越发沉重，这种让乡亲们及早摆脱贫困的想法就越发迫切。他担任中共中央总书记后，下定决心，要用国家力量帮助全中国千千万万个“梁家河”一样的贫困村，扶持处于贫困线下的贫困人口。2013 年 11 月，习近平总书记在湖南省湘西州花垣县十八洞村考察时首次提出“精准扶贫”概念，指出“扶贫要实事求是，因地制宜。要精准扶贫，切忌喊口号，也不要定好高骛远的目标”。之后，习近平总书记多次对精准扶贫做出重要论述，精准扶贫思想不断丰富和完善，成为我国脱贫攻坚的基本方略。习近平精准扶贫思想的形成有其实践基础，是来源于实践、指导实践，又在实践检验中逐步发展完善。精准扶贫思想的雏形起源于梁家河，起源于习近平基层工作经历。

福建省宁德地区曾经是全国 18 个连片贫困区之一。20 世纪 80 年代末，习近平同志在福建宁德工作期间提出了“弱鸟先飞”“滴水穿石”“四下基层”等许多发展理念、观点和方法。其中不乏精准扶贫的思想，如因地制宜发展经济是“弱鸟”先飞且飞得快和飞得高的重要途径等。2012 年底，习近平总书记在河北省阜平县考察扶贫开发工作时指出“推进扶贫开发、推动经济社会发展，首先要有一个好思路、好路子。要坚持从实际出发，因地制宜，理清思路、完善规划、找准突破口。要做到宜农则农、宜林则林、宜牧则牧，宜开发生态旅游，则搞生态旅游，真正把自身比较优势发挥好，使贫困地区发展扎实建立在自身有利条件的基础之上”。理清发展思路，因地制宜找准发展思路的论述，表明这一阶段习近平精准扶贫思想已处于萌芽时期。

2014年10月17日的首个“扶贫日”之际，习近平总书记做出重要批示：“各级党委、政府和领导干部对贫困地区和贫困群众要格外关注、格外关爱，履行领导职责，创新思路方法，加大扶持力度，善于因地制宜，注重精准发力，充分发挥贫困地区广大干部群众的能动作用，扎扎实实做好新形势下扶贫开发工作，推动贫困地区和贫困群众加快脱贫致富步伐。”2014年11月初，在福建调研时习近平总书记指出：“当年苏区老区人民为了革命和新中国的成立不惜流血牺牲，今天这些地区有的还比较困难，要通过领导联系、山海协作、对口帮扶，加快科学扶贫和精准扶贫。”这表明习近平总书记将精准扶贫视为扶贫开发方式的新要求。

习近平连续多年对因病致贫的房东吕侯生无私帮扶和援助，对梁家河乡亲的真情扶持的精神，源自良好的家风家教和中国传统文化的熏陶。

北宋初年名臣范仲淹，世人都知他的名句“先天下之忧而忧，后天下之乐而乐”，却很少有人知道他是一个仁善之人，并将仁善化为家风。他不但曾掀起一场改革风暴，还曾领兵抵御西夏侵袭，学问上的造诣更是精深，当属文武双全之人，相应的，他的收入也十分高。但他的生活水平却相当低，低到了贫寒的程度。比如饮食，他是很少吃肉的，只会在贵客来吃饭时才会难得地加上一道荤菜。作为宰相级别的官员，他还住在简陋破屋之中，没有买田买地。他的钱用到哪里去了？救人！救穷困百姓，更救穷困读书人。他用皇帝封赏的百两黄金，周济穷人，买地办学，兴建起一座苏州府学。这种教化之功，极为出色，引起朝廷注意，下令天下效仿，苏州一地更是从此文教大兴，状元辈出。到了晚年，他在家乡买了一千多亩良田并无偿捐出来，成立了一个“范氏义庄”，由范氏族人共有共管，救济穷困族人，周济附近其他穷人。“范氏义庄”——这个古代基金会从范仲淹创立开始，存在了八百余年。到民国时期，由于历代子孙捐赠，其田地已多达五千余亩。历经改朝换代、无数战乱，这个基金会越发兴旺，一代又一代范氏子孙将范仲淹的精神传承下去，发扬光大。

如其子范纯仁，是被评价为“位过其父，而几有父风”的一代名臣。在为官之时，曾遇到辖区饥荒，按照朝廷规矩，需要先上报再开官仓放粮，范纯仁却知道救民如救火，刻不容缓，冒着丢官下狱的危险，毅然放粮。在“范氏义庄”的发展上，范纯仁更是有巨大贡献。他不仅以自己的俸禄所得，将义庄田产从一千多亩扩展到了三千余亩，还将父亲所定的十三条义庄管理规矩扩充完善至二十八条，确保了这个慈善组织能长久发挥扶危济困的功效，而不致毁在个别不肖子孙的手中。清朝学者纪晓岚称赞范仲淹：“行求无愧于圣贤，学求有济于天下。”范氏义庄长存千余年的奇迹，正是源自范家家风的不衰。

少年毛泽东去离家不远的私塾里读书，本来可以不带中午饭，因为发现同在一个私塾里读书的黑皮伢子离家最远却不带中午饭，而一些较近的同学都带了中午饭，于是，毛泽东向母亲提出带中午饭的要求。母亲感到奇怪，就说：“你带饭干什么？就是几脚路，还怕迟到么？”毛泽东解释说：“中午带了饭自然好些，一放下饭碗就读书写字，不会耽误工夫。”父亲在一旁听到了，对儿子这样肯读书，感到十分高兴，就马上表示赞成，接着又补充说：“记着！我们莫和那些人家比阔气，不要带什么荤菜，只带点酸菜子，再加点剁辣椒就是。”既然父亲点头同意了，母亲更是高兴地照办了，不过她还是瞒着丈夫每次都夹带一点荤的，埋在米饭下面，好让儿子吃得好一点。

一段时间后，毛泽东放学回来总是说肚子饿，一到吃晚饭，就狼吞虎咽吃起来，好像几天没有吃过东西似的。母亲看在眼里，疼在心里，感到有些吃惊：带去的饭菜不少，怎么会饿成这个样子呢？于是，把毛泽东拉到厨房里问："是不是饭菜带少了？"他如实地告诉母亲说：班上有个叫黑皮伢子的同学，离家远，家里穷，没饭带，自己就把带去的饭菜分一半给那个同学吃了。母亲听后，慈爱地一笑，赞许地说："你这样做当然好，就是不该瞒着我，早应告诉我，我好给你一个大篮子，每天带两个人中午饭，免得你们俩个伢子都吃不饱。"以后，母亲总是让毛泽东带两个人的中午饭去①。

邓小平同志8岁时，有一天在放学回家的路上，一个和他很要好的同学因为妹妹生病又无钱看医生而急得哭了起来。第二天一早，邓小平一走进教室，就立刻跑到那位同学身边，悄悄塞给他5块银元。这5块银元是邓小平从父亲的钱箱里偷偷拿出来的，在当时这笔钱可以买到500斤谷子，也算是一笔巨款了。过了好几天，父亲邓文明发现钱箱里莫名奇妙地少了5块银元，非常生气，他把全家人都叫来打算彻查此事。父亲还没开口，邓小平很自觉地站了出来，并主动地把一根棍子递给父亲。邓文明以为儿子拿钱去乱花掉了，一生气顺手接过棍子就把邓小平打了一顿。邓小平一声没吭地挨完了打，父亲见状，也渐渐消了气，并觉得事情很蹊跷。他把邓小平找来，想把事情弄个水落石出。邓小平这才把事情原委详细地告诉父亲，他说：同学的妹妹生了很严重的病，他家很穷，没钱看大夫……还没等邓小平把话说完，父亲就把他拥在怀中，高兴地说："儿子，你做得对，父亲错怪你了。我不应该不分青红皂白地就打你一顿。但是为什么我惩罚你的时候，你不把事情的原委早点告诉我呢？"邓小平说："我的行为还是属于偷窃，您告诉过我，小偷是应当受到惩罚的，

① 见何明《伟人毛泽东》，中央文献出版社，2003年第1版，第4、5页。

所以我应该挨打。”父亲摇摇头说：“儿子，你能主动帮助别人，而且很诚实，这是对的。但是，遇到了急难的事情而不信任自己的父亲，那就不对。你要拿钱帮助同学，应该先跟父亲说。”邓小平点点头。父子俩相视而笑①。

这些共产党领袖同情劳动人民的故事，无疑给革命干部家庭出身的青年习近平产生了深远的影响。心忧天下、胸怀大志、不忘初心、牢记使命，是毛泽东、邓小平、习近平几代中国共产党领袖的高贵品质。

我们的故事

七十二个红手印挽留驻村民警

2019 年 4 月，武汉市公安局扶贫干部杜凡、付旭东面临工作调整，需要离开扶贫所在地。得知这一消息的黄陂区青云村村民自发向武汉市扶贫办、市公安局呈报联名信，并签名按了 72 个红手印，请求安排付、杜留在青云村。村民为何要用这种特殊方式挽留两人？“付杜组合”背后发生了什么故事？

两年前，57 岁的湖北省武汉市公安局水上分局一级警长杜凡来到武汉市黄陂区王家河街青云村，成为驻村扶贫干部。比杜凡早一个月，全国优秀人民警察、武汉市公安局刑侦局模拟画像专家付旭东入驻青云村。两年间，按照武汉市公安局党委和市公安局驻村扶贫攻坚工作组的安排，杜凡与付旭东用人民警

① 见金小明等《“邓家老院子”的老故事》，2004 年 8 月 22 日《人民网》。

察的忠诚和担当助力青云村脱贫摘帽，两人成了村民口中的“付杜组合”。

1. 树立正气选班子

由于村集体多年无进账，贫困让歪风邪气有了可乘之机。

“党员一起议事，商量村里的工作，为什么要发烟?”到青云村参加第一次党组织生活，杜凡、付旭东感到纳闷。

“你们是拿国家工资的人，不像我们什么钱都没有，大老远的来开会，以后你们也得给我们每个人‘撒包烟’。”竟有党员这样说。杜凡性子急，一听这，当时就火了:“身为党员，先进性和模范性哪里去了?”杜凡和付旭东意识到，帮钱帮物，不如建个好支部，基层党组织建设是扶贫工作的第一要务。

2018 年，青云村筹备换届选举。

“觉察到不正常、面对多人责难，我俩半夜睡在床上讨论作为扶贫干部要不要参与基层选举，甚至有了‘是不是党员’的灵魂之问。”付旭东说，最终，两人毅然站出来。杜凡和付旭东主动要求加入换届选举委员会，并建议选举委员会应坚决杜绝在农村选举中容易存在的“上门拉票”“电话代票”“大户宗族”等不法情形，确保选举公平公正。这场干干净净的选举，吸引了多位能人参与竞选。

2018 年 12 月 12 日，新一届村“两委”正式上任，他们的工作得到了老百姓的信赖和支持。村里产业扶贫项目要流转土地，一晚上，青云村周家湾 23 户村民全部签字，同意村集体集中土地发展果树产业，以实际行动支持新一届村“两委”工作。“在村里当干部，谁是只拿钱不干活，谁是贴钱干活，群众心里还是有本账的。”聊起青云村这次换届选举，村民方成才如是说。在 4 月 27 日的扶贫日志上，杜凡写了这样一段——

“扶贫干部要敢争敢斗。对违法乱象、对歪风邪气不争不斗就没有今天的局面。不斗，吃喝之风就刹不住，八项规定等于一张废纸……”

2. 法治入村破陋习

青云村入口处，一块青石上书“美丽青云”四个大字，围绕青石的是开得正艳的花草。谁也想象不出，这个村口以前却是个臭气熏天的‘破’厕所。村湾环境整治，是驻村扶贫工作队的重要任务之一。但刚开始，杜凡、付旭东他们推进整治工作并不顺利。2017 年 9 月，按照全市“扶贫工作回头看”部署，杜凡他们准备进一步整治村湾环境，打通荒草丛生的青云村大湾方和小湾方之间的田埂通道。通道施工要占用废弃的稻场，方成才坚决不同意，还跟杜凡“闹翻脸”：“这是我的路，不准你们修！”

被方成才骂了七八次，杜凡他们还是没能说服他。老杜没气馁，到村里、街里查地籍档案，发现稻场备案是村集体用地，原本是多家共用。有了依据，杜凡再上门与方成才“论法”。方成才平时喜听广播、了解政策方针，与杜凡力争，还扬言要告到法院。讲不通，杜凡请“外援”来，找王家湾街司法所及驻村律师，起草了律师函。听说真要去法院，方成才不吭声了。如今路已硬化完成，大湾方、小湾方村民出行更方便了。“我跟老杜吵架是‘性格问题’，我知道他是个好干部，一心为村里办好事。”方成才事后说。

推进新农村建设、搞村村通，付旭东碰到挺奇怪一件事，施工合同签了个把月，包工头竟然没动工。付旭东多次追问，包工头吐露了实情：把账一算，除去“打点费”，自己根本赚不到钱。弄明白情况，“付杜组合”坚决更换了施工方，依法依规重新组织推进。几百米的通湾公路，很快修好。“他们敢于按政策办事、按规矩办事，让过去村里那些说不清道不明的事儿消失不见了。”村民说。

3. 产业务实真脱贫

2017 年底，有建档立卡贫困户 56 户、124 人的青云村整体脱贫出列。2019 年 3 月 29 日，付旭东在扶贫日志里写下两页感想，说出了他和杜凡的心声——驻村扶贫工作队不是“扶贫资料队”，要从室内走到室外，去办实事、干产业，让扶贫工作更务实。武汉市公安局扶贫驻村工作队进驻前，青云村村集体经济几乎为零，没有收入来源，全靠政府拨款。针对青云村千亩荒地废弃、大批农房闲置的现实，“付杜组合”走出去，申请将青云村纳入黄陂区区域旅游规划，打造一个休闲观光村；请武汉市农科院专家走进来，分析评估村里的土壤、地形、气候，决定发展果树种植。青云村集中流转了一批土地，建起了蔬菜配送基地，引进光伏发电项目。从 2017 年起，村集体年收入达到 22 万元。果园项目正在稳步推进，一期 50 亩土地完成了流转、平整，种上了猕猴桃、葡萄等水果。现在，青云村村湾焕新、民风转好，不良风气、旧的观念逐步退出“历史舞台”。

“扶贫真不是一个简单事。”杜凡感慨。不简单归不简单，如今，“付杜组合”注入了新鲜血液。武汉市公安局党委决定，“付杜组合”继续留在青云村，同时增派武汉经济技术开发区（汉南区）公安分局一级高级警长李国利任驻青云村第一书记，从市公安局机关增派年轻民警董重驻村。村长熊兵说，正向力量更强了，青云村这下更有奔头了。

百姓心中有杆秤

老百姓心里有杆秤。我们把老百姓放在心中，老百姓才会把我们放在心中。

——2018年11月6日上午，习近平在上海考察期间，在虹口区市民驿站嘉兴路街道第一分站托老所，同老年居民亲切交谈时说。

一个偏僻的小村庄，因为他们的支部书记生病了，一天之内村民自发筹集了数万元手术费为他治病，村民们说“就是讨饭也要救他”。他就是永嘉县的一位党支部书记郑九万同志。当地就有一些干部不由地发出了“假如我病倒了，会有多少村民来救我”这样的感慨！

郑九万所做的一切都体现在了村民的回报上，是老百姓心中那杆秤称出了一名基层党员干部的分量。他以自己的实际行动，深刻揭示了“老百姓在干部心中的分量有多重、干部在老百姓心中的分量就有多重”的丰富内涵。这就是我们树立郑九万这个先进典型的意义所在。

——摘自习近平《之江新语》一书中的《一切为民者 则民向往之》(2006年7月20日)。

榜样的故事

收获爱

除了父母之外，对习近平一生影响较大的是大姨齐云阿姨。习近平曾几次给人讲，他插队的时候得到了大姨齐云阿姨的关照，也经常聆听大姨的教诲。习近平最初会对大姨讲陕北生活的艰苦，讲那里的条件多么恶劣。齐云阿姨是老革命，抗日战争时期长期坚持敌后斗争，对农村生活非常了解。她对习近平讲她抗战时的故事："那个时候，只有坚决依靠老乡。找到老乡，才能坚持斗争，坚持生存。哪有嫌弃农村生活艰苦、农民落后的道理？如果那时候离开老乡，共产党员一天都活不了。"齐云阿姨循循善诱的话对习近平的影响非常大。[①]

习近平不会忘记，在北京市八一学校的两位老师：陈秋影和齐荣先[②]，这两位老师先后担任习近平初中的班主任和语文老师。在习近平初次报名要去延安插队时，齐荣先老师曾劝他第二年再走，到时候可能还有留京当工人的名额，他一直希望习近平能有个更好的去处。在父亲蒙冤被关押、社会最动荡的时期，这两位老师非常担心习近平的安危，多次语重心长地嘱咐习近平：要相信党，要守纪律，不要做对老师和学校不恰当或过激的事，这些提醒和告诫，对于一个懵懂青少年，十分难能可贵。

---

① 见《习近平的七年知青岁月》，中共中央党校出版社，2017年第1版，第38页。

② 见《习近平的七年知青岁月》，中共中央党校出版社，2017年第1版，第6页。

习近平不会忘记，他居住的窑洞下面还有一排窑洞，住着一个叫李印堂的后生，跟习近平关系很好。李印堂在铜川当工人，有一次回家，带回来一两斤大米。当时的陕北，大米是很稀罕的东西，逢年过节都吃不上。李印堂跟他娘说："娘，蒸了米饭，给近平也尝尝。"他娘把大米细细地洗干净，蒸了一锅喷香的白米饭，盛了一碗让李印堂"赶紧，趁热给近平端过去。"这碗米饭，可把习近平给吃香了！①

习近平不会忘记，当年的延川县委书记申易。那时候，在农村，出身不好的人就不允许入党；他们这些城里来的知识青年，则是"黑帮子弟"禁止入党。在当时的政治环境下，你的"血统"——也就是"成分"，首先决定了你能不能成为党员，然后才看你工作怎么样。像习近平这样的人，无论他工作多么上进，对党多么忠诚，但因为家庭的原因，入党的希望都是非常渺茫的。习近平反复写入党申请书，交到组织上很多次，但是因为他父亲的问题，每次都遭到了冷遇。申书记也是陕甘宁边区的革命后代，对习仲勋的政治品质非常了解，对北京知青非常关心，把他们当作自己的孩子一样看待。由于当时的特殊环境，像习近平这样的人，要入党、上学，只有破除"文革"很多错误思想甚至错误路线，把他视为真正的好娃娃、好后生、可信任的人，才可能让他入党。他没有把习近平他们当作一般的知青，也没有把他们当成一般农民去看待，而是把他们当成有知识有文化的青年。申易调查了习近平本人的表现，了解到他工作非常突出，群众一致反映很好，完全符合一名共产党员的标准。在申书记的全力支持下，习近平终于入了党。②

习近平不会忘记，1975 年 10 月自己被推荐上大学，梁家河乡亲们家家户户请他到家里吃饭。张家送一碗南瓜子，李家送

---

① 见《习近平的七年知青岁月》，中共中央党校出版社，2017 年第 1 版，第 230 页。

② 见《习近平的七年知青岁月》，中共中央党校出版社，2017 年第 1 版，第 121 页，第 267 页。

一袋大红枣。还有好几个婶娘、大嫂给他送了精心绣制的花鞋垫。

在梁家河的7年，他一直坚持劳动，坚持自我磨炼，坚持学习，自强不息。在梁家河的7年，有党组织关怀的爱。从梁家河大队、文安驿公社直到延川县，各级党组织对习近平的关心爱护，是他成长的重要基础。在梁家河的7年，有陕北乡亲亲人般的爱。习近平曾说，他在最困难的时候，是陕北老乡收留了他，养育了他，教育了他，群众对他的关爱，使他对农村群众有深厚的感激之情。

习近平深爱着亲人、恩师和脸朝黄土背朝天的梁家河乡亲，他的亲人、恩师和梁家河的乡亲也深爱着他。

学习与思考

爱民者民恒爱之

爱民者民恒爱之，敬民者民恒敬之。范仲淹一句“先天下之忧而忧，后天下之乐而乐”，青史留名；郑板桥的“些小吾曹州县吏，一枝一叶总关情”，传诵至今。同样，心中时刻装着老百姓，时刻想着群众利益问题，时刻关注民生疾苦，百姓就会给他秤出足够的分量，才会受到百姓的敬重。

天地之间有杆秤，那杆秤就是百姓心。百姓心中的那杆秤，对谁都公平。好与不好，百姓心中分得明明白白、清清楚楚。群众利益无小事。百姓心中的秤，是反映干部德、能、勤、绩、廉的一面镜子，是准确检验干部能力、水平、作风的试金石。

只有干部对群众有感情，群众才会把干部当做“自家人”。凡事必须实事求是，只有结合实际，才能真正做到好心办好事。工作必须真心实干，只有干部带头，才能真正赢得群众的信任和支持。

2012 年 11 月 15 日，在中国共产党十八届一中全会上，习近平当选为中共中央总书记。2017 年 10 月 25 日，在中国共产党十九届一中全会上，他再次当选为中共中央总书记。8 年来，他的足迹走遍大江南北、长城内外，他夙夜在公、殚精竭虑，赢得了全体人民的爱戴和拥护。

“主席，人民爱戴您！”2018 年 3 月 8 日，这一句满含深情、发自肺腑的话语，通过《新闻联播》传遍神州大地。当天上午，当参加山东代表团审议的习近平与王一君代表亲切握手时，王一君激动万分，情不自禁地喊出了这句话。这句话，也道出了全国人民的心声。

2016 年 2 月 2 日，雪后的井冈山，玉树琼枝，分外妖娆。春节前夕，习近平来到井冈山市茅坪乡神山村看望慰问贫困群众。握住习近平的手，75 岁的村民彭水生竖起了大拇指：“你呀，干得不错嘞！”聚在一团的乡亲们用热烈的掌声和欢呼，表达着与彭水生一样的感受和心情。

2018 年 2 月 12 日上午，成都市郫都区战旗村喜气洋洋。看到习近平总书记来了，村民们兴高采烈地向总书记问好。一位老人握着总书记的手，激动地说：“您是我们的好领袖，中国人民的福星。”总书记答道：“谢谢，我是人民的勤务员，是为人民服务的。”老人质朴的话语，不仅说出了自己的心声，更说出了亿万华夏儿女的肺腑之言；总书记平实的回答，彰显出人民在他心中的分量。

“凡是过去，皆为序章。”这个春天的故事，注定将被时代与人民铭记。“山再高，往上攀，总能登顶；路再长，走下去，定能到达。”新时代的中国梦，注定会在久久为功的奋斗中照进现实。

人民领袖的为民情怀，凝聚起实现中华民族伟大复兴的磅礴力量；人民领袖与人民同行，人民是历史的创造者，人民是真正的英雄。习近平总书记始终把人民放在心中最高的位置，把人民拥护不拥护、赞成不赞成、高兴不高兴、答应不答应作为衡量一切工作得失的根本标准，着力解决人民最关心最直接最现实的利益问题。“乐民之乐者，民亦乐其乐；忧民之忧者，民亦忧其忧。”8 年来，从乡间地头到革命圣地，再到人民大会堂，人民群众一声声深情的呼唤、一句句质朴的肯定、一次次发自肺腑的称赞，在 960 多万平方公里的广袤大地上不绝回响。

作为公安干警，我们更要深刻体会“军爱民，民拥军”，并努力践行。

我们的故事

警民心连心

1. 警营开放日

每到武汉市洪山交警大队举办的警营开放日，很多受到交警直接帮助过的市民会放弃周末休息自发赶来，他们会当面为交警坚守岗位、服务群众、无私奉献的行为表达自己敬意和感谢。

2019 年 3 月 14 日下午，武汉市洪山区交通大队三中队营区迎来了一群特殊的小客人，他们是来自卓刀泉小学张家湾分校的小学生们。他们此行的目的是向常年坚守在学校周边护学执勤的交警叔叔们进行慰问。

（照片来源：楚天都市报）

“交警叔叔，你们辛苦啦……”同学们身着整齐的校服，佩戴着鲜艳的红领巾，在老师的带领下，向三中队的交警叔叔们敬礼表达敬意，感谢他们不管是雨雪风霜还是烈日炎炎一直守护在学校周围。

同学们献上自制的祝福贺卡，感谢交警叔叔们一直以来的辛勤保护。同学们诚挚的感恩深深感动了在场的交警叔叔，他们纷纷表示，在以后的工作中将更加努力守护孩子们的平安出行，站好护学岗，守护好祖国的花朵们。

（照片来源：楚天都市报）

孩子们的礼物(照片来源:武汉市公安局)

2. 慰问重症民警

2019年4月14日晚,正在处理警情的洪山交警马洪明突然昏迷在岗位上,后查出脑动脉瘤破裂,经抢救脱离生命危险;交警王玉柱身患尿毒症仍带病坚持工作,每日工作间隙仍在持续治疗。2019年4月18日《长江日报》第12版报道了洪山交警马洪明在执勤岗位上突然倒下的感人事迹。看到报道,全国道德模范吴天祥十分感动,他主动邀请来自广州的慈善家、广州轻工业商会会长、长江纺织辅料商会会长廖启元先生,来到洪山交

全国道德模范吴天祥(中)到家中看望正在康复的马洪明(左)(照片来源:长江日报)

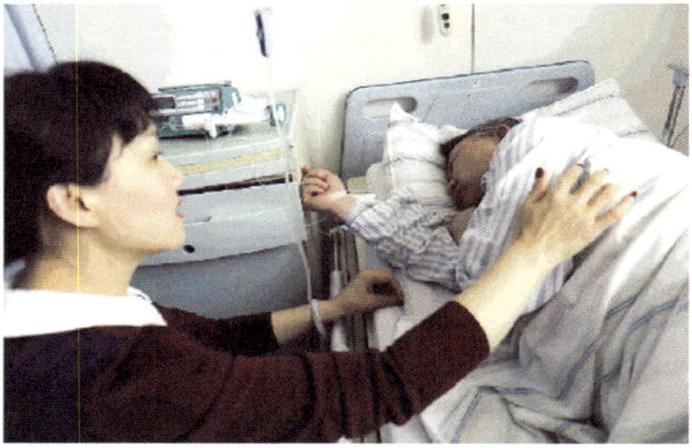

妻子正在照看病中的马洪明(照片来源:长江日报)

通大队,看望辛苦的交警。28 日上午,在洪山交通大队相关负责人的陪同下,二人来到两位交警家中探望,并分别送上 3 万元慰问金和鲜花。

随后,吴天祥与廖启元又参加洪山交通大队家属座谈会,二人均表示,洪山交警的敬业精神令人感动,希望更多人能够关爱交警,理解交警工作,给予他们更多支持。

作品附录

践行“三严三实”的典范

——一名交警亲历的习近平和俞正声的故事

这些天，我在收集、学习习近平同志几十年革命职业生涯时期发表的文章、讲话和访问谈话，被深深地感动。

从不满16岁到延安延川县梁家河村插队开始至今，特别是他在基层工作期间写的散文，如1998年发表的《忆大山》、2002年发表的《我是黄土地的儿子》，让我这个生长在农村、有过拿工分经历、地地道道的农民的儿子倍感亲切。

通过高考，我从农村上大学当了交警。我所在的洪山区交通大队担负湖北省委省政府周边交通秩序组织工作，因为工作关系，我有幸亲身接触国家最高领导人，特别是2013年习近平总书记来湖北视察。从领导人的身体力行中，我感受到党的十八届中共中央政治局常委这个领导集体的人格魅力和爱民情怀。他们不愧是“三严三实”的倡导者和实践者，不愧是8000多万共产党员践行“三严三实”的典范。

习总书记视察湖北，沿途不封路

2013年7月21日是一个星期天，下着中雨，我奉命参加路面执勤。上午9时许，我来到洪山区欢乐大道欢乐立交桥下方上桥入口。此前我们开会得到通知，习近平总书记要来湖北视察调研，上级要求我们按照中央密切联系群众的八条规定，改进警卫工作方式。

此时，武汉火车站通往东湖宾馆的高架桥上，车流同平时一样，桥上桥下都没有封闭道路，没有干扰路上行驶的其他社会车辆。习近平同志乘坐的考斯特面包车通过立交桥时，社会车辆也在桥上行驶。

中午12时我们回单位食堂吃午餐，中央电视台的午间新闻里，正在播放习近平同志卷起裤脚、自己打着伞在阳逻武汉新港视察的镜头。这则新闻在他考察不到2个小时就直接播出，近似直播。

下午，习近平同志又马不停蹄地赶往武汉东湖新技术开发区的武汉重型机床厂、长飞光纤公司参观，然后返回东湖宾馆，经过我执勤所在的三环线道达尔加油站时，已过下午6时，沿途没有打扰社会群众。

一句承诺，坚守六个春夏

2014年6月6日至9日，中央政治局常委、全国政协主席俞正声同志到湖北调研，先后参观非公有制企业武汉格林美公司、黄麻起义和鄂豫皖苏区纪念园。我们同样没有封路，没有限制、影响社会车辆行驶。

这一切，让人不由想起十多年前，俞正声同志初到湖北担任省委书记时的工作作风，他严格自律，带头提出省领导出行“不扰民、不鸣笛、不要警车开道”的“三不”硬性要求。

俞正声同志刚到湖北工作不久，正值2002年春节，我所在的武汉市公安局洪山区交通大队接到通知，新来的省委书记要来慰问一线工作的交通民警和环卫工人。作为秘书科科长，我提前来到武昌中南路与武珞路交界的中南路岗亭等待。

一会儿，一辆考斯特面包车停在交警岗亭边，省委省政府领导和执勤的交警一一握手。其中，一位身材高大、和蔼可亲的中年领导仔细捏摸着交警的棉衣，询问“中南路路口风大，交警们穿得少不少、冷不冷”，询问带队的队长还有什么困难。这正是俞书记，他向春节期间坚守岗位的交警同志问好，并且同现场的交警约定，每年春节和夏季的时候，一定抽出时间到一线岗位来看望大家。

那次之后，在每年春节最繁忙和武汉夏季最炎热之时，我都亲历和目睹了俞正声书记到交警岗台的问候关怀，亲自给交警递送降温防寒物品的身影，总共12次。

批阅人民来信，解决农民饮用血吸虫河水问题

2006年4月8日，是清明节后的一个星期六，按照习俗我回老家扫墓。当我驱车一百多公里回到老家蔡甸区曲口乡洪河村时，发现村中的墓地多了一座新坟，一打听才知道是40多岁的村支部书记曹哥，因为肝癌刚刚去世。

村民说，村里像这样年纪不大的中青年人患重病的有好几个，有肝癌的，有胃癌的，还有其他呼吸道、消化道重症的。有关分析认为，村里世代饮用通顺河里的水，水里有血吸虫，容易诱发各种疾病。

通顺河是长江支流，流经潜江、仙桃和武汉蔡甸。河中钉螺密布，流动着大量血吸虫。我的家乡曲口等5个村、800多户人家，一直用河水洗衣、做饭，灌溉农田。受到血吸虫侵噬，河岸各村庄因病致残、因病致贫的困境依然持续。

当天晚上，我夜不能寐，代表家乡父老提笔向省委书记俞正声同志写了一篇《老区人民盼望自来水》的群众来信，送给他的秘书李强同志。

一个星期后，我收到湖北省委办公厅的回信，信中提到，俞正声同志接到我的情况反映后十分重视，亲笔给武汉市委和市政府的主要领导批示："苗圩、宪生同志，建设社会主义新农村是一项惠民利民工程，要把解决好农村饮水安全问题作为重中之重。"

5月初，武汉市正式启动从汉南区水洪自来水厂向蔡甸区曲口乡洪河村等5个村庄供水的工程，共铺设管道9500多米，市、区投入资金400多万元。2006年12月，住在偏远湖区的5

个村 830 家农户，结束了世世代代喝血吸虫河水的历史，吃上了来自长江的自来水。

事后我得知，俞正声同志从 2001 年主政湖北到 2007 年离开，每年亲自阅读和批转的人民来信都在 200 件以上，推动并帮助解决了一大批基层群众的生产生活实际困难。他多次表示，批阅人民来信也许不能解决所有问题，但总能够解决一些群众困难，推动相关部门要把工作做细些、做实些。

2007 年 10 月 27 日，听到俞正声同志要调任上海、离开湖北的消息，许多和他联系过的群众都依依不舍。每到春节的时候，我们大队交通民警都会拿出珍藏的照片，回忆他关注、关爱露天一线劳动者的场景。

其实，一张照片就是一个故事，一个中南海连接着普通老百姓的中国故事。

武汉宣传
2015 · 07
P16 践行“三严三实”的典范
一名交警亲历的习近平和俞正声的故事
P04 抢筑一座“创新高地”
看武汉建全国产业创新中心的历史传承和现实优势
P06 破解武汉创新“痛点”的路径
专访武汉大学发展研究院院长李光
P18 武汉人 行天下

践行“三严三实”的典范
——一名交警亲历的习近平和俞正声的故事

（本文发表于 2015 年 07 期《武汉宣传》。

作者：代保平，武汉市公安局洪山区交通大队）

家风传家，家教济世

——《难忘的二十年——在习仲勋身边工作的日子里》读后感

2017 年 5 月 24 日，是老一辈无产阶级革命家习仲勋同志逝世 15 周年的纪念日。

2017 年 4 月 9 日上午，连绵的大雨给长江中游的武汉带来一丝寒意。武汉三镇，长江两岸马拉松比赛正如期进行。而远在千里之外的南国深圳，一处依山建筑物的 511 房间里，阳光明媚，欢声笑语。从新中国建立初期就开始担任开国元勋习仲勋同志秘书的张志功老人，尽管已经 90 岁高龄了，依然神态矍铄，气定神闲。他热情地招呼我们这些武汉来客落座喝茶。随后，慢慢取出他编写、由解放军出版社出版的《难忘的二十年——在习仲勋身边工作的日子》一书，挥毫为我们一一题字，送给来客。

回到住地，我一气读完了这本 23 万字的回忆录。作者用生动的语言、丰富的图片，记述了他从新中国建立初的 1950 年和改革开放的 1978 年两度担任开国元勋习仲勋同志秘书、持续时间长达二十年的亲身经历。其中 60 多张照片和 10 多张影印件大多是第一次公开面世，十分珍贵。这本白描式的亲历回忆录为广大读者，特别是现在的青年一代继承革命传统，深入了解、研究、学习习仲勋等老一辈职业革命家、开国元勋的历史功绩和崇高品格具有重要意义，是全党开展的“两学一做”学习教育活动的又一生动鲜活教材。特别是，习仲勋同志在对子女的教育培养上言传身教，既有父亲的随和呵护，又有良师的严格要求，用中华民族的传统美德潜移默化、感染和引导孩子。这些，对于教育孩子在方式方法上有些迷茫的年轻父母，很有借鉴和指导作用。其中习老家庭生活的五个小故事，尤其打动人心。

感恩奶妈，取名乾平。

习仲勋同志二女儿出生在陕甘宁边区最艰苦的1938年。不到一岁时，她被奶妈带到国民党统治区陕西省乾县，后来和习老失去联系。直到1949年西安解放后，习老才把她找回来。此时，她已经11岁了。为了让孩子铭记奶妈10多年的养育和保护恩情，也为了纪念父女这段10多年离散之情，习老夫妇为孩子取名“习乾平”，教育孩子知恩图报，永远不要忘记帮助过自己的人。

一水四用，崇尚节俭。

习老长期生活在严重缺水的陕西渭北地区，对水特别珍惜。为了节约用水，习老每次让两个女儿在浴盆洗澡，再让两个儿子去洗，之后自己再洗，然后要用洗澡水洗衣服，最后才把水放掉。这对生活在水源充足的南方人来说很难理解，习老把节约每一滴水看得同节约每一颗粮食一样重要。在同孩子们用餐时，习老经常用唐诗名句“谁知盘中餐，粒粒皆辛苦”教育孩子，把掉在桌上的米粒捡起来吃，把饭吃干净，不准有一丁点儿浪费。几个孩子的衣服和布鞋是依次“接力”穿，大的穿旧了或穿破了，补上补丁再让小的穿，姐姐桥桥穿过的衣服和布鞋，传给弟弟近平和远平，弟弟害羞不愿穿，习老亲自把花鞋染黑了，给近平和远平穿。

先叫叔叔，尊重他人。

习家的孩子见到工作人员，必须先叫“叔叔”再说话。习老对工作人员一向和蔼亲切，从来不随便批评和指责他们，更不允许子女对工作人员有半点不恭不敬的言行。女儿安安小的时候，一次炊事员王志德师傅做的红烧鱼没有煮透，安安有点不高兴、嘟嘟囔囔有些埋怨。习老看见了，他批评了安安，又耐心教导说:“孩子啊,尊重别人就是尊重自己,你没有权利因为自己的不满就去随便地责备别人,更不能责备长辈。”乖巧的安安对王师傅说:“对不起王叔叔,我的态度不好,请您原谅!”说完还给王师傅鞠了一个躬。王师傅十分感动。

改随母姓,回归平民。

习老一贯严格要求子女不搞特殊化。女儿桥桥小学毕业后考上初中,学校离家只有一站路,习老为了让女儿和同学打成一片,坚持让桥桥住校。当时,学校食堂和住宿条件都很差,伙食中粗粮占70%。习老那时担任国务院副总理,名字经常出现在报纸上,习姓是一个少见的姓,容易使人联想到桥桥是习副总理的女儿。习老不愿学校师生知道女儿身份,就让女儿改姓母亲齐心的姓,家庭出身也由“革命干部”改为“职员”,就这样,齐桥桥的名字沿用至今。

搏击冰雹,增长胆量。

20世纪40年代,延安的一个夏日,习老在窑洞内伏案工作,长子习正宁正在窑洞外的院子玩耍,忽然一阵狂风暴雨夹着像枣子一样大的冰雹倾盆而下,正宁跑进窑洞躲在父亲身边。父亲看着儿子胆小害怕的样子,拉着他的手走到窑洞前,命令他去捡冰雹。正宁说:“雹子打人疼呢!”但他见到父亲严肃认真的表情,只好抱着头迈出窑洞。正宁从门内一露头,冰雹就打在身上,他抱着头缩回窑洞。习老把他往外推,并大声训斥:“不要胆子这么小嘛!你不仅要锻炼勇敢,还要动脑筋想办法,把冰雹捡回来,又不让冰雹打着你才行啊!”说着习老拿起一只洗脸盆扣在儿子头上,自己也头顶一个脸盆,拉着儿子冲出了窑洞。冰雹砸在脸盆上“咚咚”乱响,父子俩像穿梭在枪林弹雨中的战士一样。雨停了,正宁口袋里的冰雹化成了水,习老呵呵地笑着赞扬了他的勇敢行为。

孩子们也许没有想到,习老要求他们从小养成不畏艰险、勇敢机智的性格和艰苦朴素的作风,对他们的成长多么重要!

“文化大革命”中，上山下乡的艰苦岁月里，他们就是凭着这些宝贵的精神力量，闯过了一道道难关，经受了种种考验。他们的坚强和优秀，是习老的谆谆教导和严格要求给他们打下的坚实的基础。

家风就是一个家庭或家族世代相传的风气、风格和风尚，是给后人树立的价值准则，是建立在中华文化之根上的集体认同，是每个个体成长的精神足迹。我们老一代革命家毛泽东、周恩来、习仲勋是树立优良家风的典范。他们的精神在今天也在发扬光大。不久前，湖南郴州举办“传家训、立家规、扬家风”女性书画展览等倡导家风系列活动，更是在传承革命先辈的家风家教精神。

党的十八大以来，习近平多次强调家风，说的是“小家”，着眼的是“大家”。2014 年 3 月，习近平重访河南兰考时，会见了焦裕禄同志的 5 个子女。二女儿焦守云对总书记说：“我们一定要继承父亲的精神，把家教家风一代一代保持传承下去。”总书记听后，一边点头一边说道：“好家风，好家风。”在中纪委六次全会上，习近平毫不留情地指出，不少领导干部“纵容家属在幕后收钱敛财，子女也利用父母影响经商牟利，大发不义之财。”2017 年 3 月 5 日全国“两会”上，习近平参加上海代表团审议时，询问上海奉贤区“奉贤”之含义，肯定了家风、村风和民风建设。确实，家风对家族的传承和民族的发展发挥重要的影响。家风更是一种潜在的无形的力量，在日常生活中潜移默化地影响着孩子的心灵，塑造孩子的人格，是一种无言的教育、无字的典籍、无声的力量。对孩子的影响是全方位的，关系到孩子人生观、价值观、世界观的确立和发展。

家风，不是家庭小事，关乎个人家庭命运，关乎民族国家兴亡！

本文原文发表于2017年第4期《湖北警察》

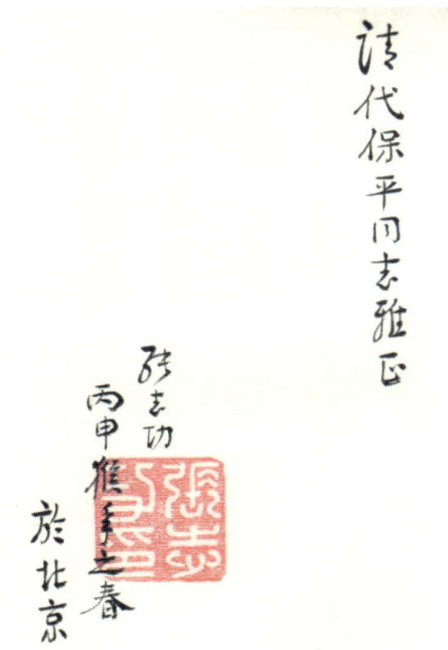

张志功老人的书和题字

（本文作者：代保平，武汉市公安局洪山区交通大队）

蹬着自行车走遍全县222个村的县委书记

——《习近平在正定》读后感

一口气读完中共中央党校出版社新近出版的《习近平在正定》一书，我的心情久久不能平静。河北省正定县位于华北平原的滹沱河畔，我的家乡湖北省汉阳县（现为武汉市蔡甸区）位于江汉平原的通顺河边。地理位置都属于中国三大平原范围，地形地貌十分相似。蓦然间，30 多年前长江支流通顺河河畔汉阳县农村老家田间地头的一幕又出现在眼前：在江汉平原的田坎边，是一条笔直的碎石路直通天际，两边是高大挺拔的白杨树，公社和大队的干部，头戴黄草帽，三三两两蹬着“永久”牌二八自行车，汇聚在田间地头，查看庄稼，细捏着粉状的泥土，商讨着土地墒情。80 年代初的暑假，我在读高中，每年夏天学校放假都要回生产大队参加夏收夏种，经常接触到这些从公社下乡的干部。今天读到习近平同志 1982 年至 1985 年在河北正定县的生活场景，我感到格外亲切，一股泥土芬芳气息扑面而来。

书的封面是一张黑白照片，格外引人注目。1983 年初春正定县城的大街上，摆着一张方桌，29 岁的县委书记习近平穿着一身褪色军装，探身向左前俯首，倾听白发大娘在叙说家常。书中真实再现了习近平同志呕心沥血推动正定发展的感人画面，生动反映了一幅幅习近平同志与正定广大干部群众“一块苦、一块过、一块干”的感人场景。习近平同志在正定工作生活的 1000 多个日日夜夜，与正定人民朝夕相处，为经济发展和人民幸福呕心沥血。他用心血和汗水，在正定大地上书写了一部青春无悔的感人诗篇。

他在正定有很多动人的事迹。有生活上照顾老干部，把县委仅有的一辆212吉普车配给了老干部使用，把县委和县政府合用的大会议室腾出来做老干部活动室的故事；有勇于担当、实事求是，向中央和省委反映正定人民的生活状况和存在的困难，上级调查核实后决定把正定粮食征购任务减少2800万斤，缓解了正定农民口粮紧张问题的故事；有“扯开嗓门喊人才”，引进石家庄机床附件厂的工程师武宝信的故事；有借助电视剧《红楼梦》打造“荣国府”景区，极大地带动了正定旅游业的发展，开创了旅游业“正定模式”的故事。

但是，最吸引我的是他下乡必用的“坐骑”——一辆半旧的二八自行车。最打动我的是他用情用心用力，始终以土地般的质朴，以亲人般的关心、以赤子般的情怀，用自己坚实的脚步一步一步丈量出468平方公里正定大地。3年零2个月，他走遍了正定县的沟沟坎坎，走遍全县25个公社222个大队，靠的就是这辆半旧的二八自行车。习近平同志只要不出城关，他就骑自行车。他对身边的同志说，骑车有三个好处：一是锻炼身体，二是接近群众，三是节约汽油。他每次骑车下乡，从不提前通知，总是直接到农民耕作的田间地头，同农民一起下地劳动，了解农事，给他们出主意。由于他穿着朴素，对土质、种植和做农活十分在行，没有一丝一毫官气，第一次接触他的农民和村干部常常把他当成公社派来的农业技术员。1984年，县委书记习近平下乡到西柏棠公社塔元庄大队，途经滹沱河，河上没有桥，河里都是泥沙，骑自行车过不去，推着也走不动，他就把自行车扛在肩上，踩着淤泥过河，裤腿满是淤泥。

2013年7月和2018年4月，习近平总书记两次到湖北武汉视察，因为工作关系，我两度目睹他途经武汉市洪山区欢乐大道外出参观考察，出行“不封路”“不扰民”的情形。这与他在正定从政起步时的亲民爱民习惯“一脉相承”。

“待入尘寰，与众悲欢，始信丛中另有天”，习总书记对人民群众的一腔热血、一份深情，展示出习近平人格魅力的伟大力量。《习近平在正定》一书，通过一篇篇“访谈”生动描绘了习近平树立矢志不渝的理想追求和植根爱国为民的家国情怀，再现了习近平同人民群众同甘共苦、情同手足、血肉相连、鱼水交融的青春面貌。作为基层一线的共产党员，我通过品读此书，从小故事中读出大道理，从口述史中洞察大时代，从真情怀中感受大担当，从奋斗史中汲取大智慧。也深刻感受到青年县委书记习近平正是从正定县从政起步的那一刻起，对中国的农村、农民和农业有了深切的了解和感悟，对改变国家、人民、民族的命运增添了毅然决然的抱负和担当。

党的十八大以来，习近平总书记之所以能够带领党和人民披荆斩棘、攻坚克难，全面开创中国特色社会主义事业新局面，很大程度上来自他扎实的实践基础、深厚的经验积累和由此而来的深邃理论思考。习近平总书记说正定是他从政的起点。还原那段历史，再现习近平总书记正定时期的艰苦朴素生活和成长历程，人们更加全面、历史地了解总书记的过去和现在，更加全面、历史地认识党的十八大后确立习近平总书记党中央核心、全党核心地位的重大意义，从而更加紧密地团结在以习近平同志为核心的党中央周围，为实现中华民族伟大复兴的中国梦而努力奋斗。

习近平总书记在十八届中央一中全会中外记者见面会上向世界庄严承诺：“人民群众对美好生活的向往，就是我们的奋斗目标”。这是他在河北省正定县从政开始的理想，更是记录总书记个人成长过程中始终与人民同甘共苦、水乳交融的自然流露。

习近平总书记追寻真理、脚踏大地、植根人民的成长历程，也是锻造习近平新时代中国特色社会主义思想的形成发展历程。《习近平在正定》给每一名共产党员，每一名党员领导干部上了一堂生动的马克思主义群众路线实践课，启发我们进一步从源头上深刻理解习近平总书记治国理政新理念新思想新战略；激发我们进一步深化对习近平总书记作为党的领袖、人民领袖发自内心的崇敬与爱戴；激励我们进一步把忠诚核心、拥戴核心、维护核心、紧跟核心融入血脉、植入灵魂，化为坚定的信仰信念和自觉行动；警醒我们时刻牢记共产党人的初心和使命，增强“四个意识”，坚定“四个自信”，坚决做到“两个维护”，为党和人民的利益奉献出自己全部的光和热。

本文原文发表于2019年第6期《新阅读》

（作者：代保平，武汉市公安局洪山区交通大队）